「神国」日本

記紀から中世、そしてナショナリズムへ

佐藤弘夫

講談社学術文庫

目次

「神国」日本　記紀から中世、そしてナショナリズムへ

はじめに

「神国思想」——この言葉を一度も目にしたり、耳にしたことがない人は、ほとんどいないにちがいない。神国思想はそれほどよく知られた理念である。それはただ有名なだけではない。「神国」という言葉はいまなお、日本人のある特別の感情を呼び覚ます力をもっている。しかし、私たちはこの「神国思想」について、どれだけ正確な知識をもっているだろうか。

「神の国」論の現在

神国思想の台頭ははるか遠い過去の出来事ではない。近代の日本でも、この神国思想が大きくクローズアップされた時期があった。第二次世界大戦の戦前から戦中にかけてのことである。そこでは「神国」「神州《しんしゅう》」であることが他の国々に対する日本の優越の根拠とされ、神国日本には世界を導く使命があるという論理でもって、その対外侵略と他民族支配が正当化されていった。

一九四五年（昭和二〇）八月、日本は敗戦の日を迎えた。侵略戦争に対する反省が語られるなかで、戦後、日本を神国とする理念はいったんその命脈を断たれたかに見えた。しかし、二〇〇〇年五月に起こった森喜朗《もりよしろう》首相（当時）の、日本＝「神の国」発言のように、いまなおその思想が一部の人々によって受け継がれ主張され続けていることも、まぎれもない事実である。森発言に対する賛否双方の立場からの激しい反応は、神国思想が多くの日本人にとっていまだに過去のものとなっていないことを、再認識させるものであった。

このように、今日も強いインパクトをもつ神国思想ではあるが、現代の日本人に改めて「神国思想とはなにか」という疑問をぶつけてみたとき、返ってくる答えはおそらく人によってまちまちなのではなかろうか。実際に「神国」を口にするような人々でさえ、その「神国」の解釈と評価については、それぞれ独自の見解をもっているというのが実状である。

森氏の「神の国」発言をめぐる議論があれほどエスカレートしながら、賛否二つの立場からの主張が十分かみ合わなかったのも、使用者ごとに異なる「神国」の意味内容によるところが大きいと考えられるのである。

研究者の見る神国

いま私は、一般の日本人に見られる神国のイメージの分裂と揺らぎを指摘した。それでは、神国思想を資料に即して実証的に研究しているはずの学問の世界では、神国＝日本の理念はどのようなものとして捉えられているのであろうか。実は神国思想をめぐっては研究者の間でもさまざまな意見が交錯して、いまだにその評価が一定していないというのが現状なのである。

戦前・戦中の日本では、日本＝神国論は天皇制国家を支える基本理念であった。それは、だれも疑問を差し挟むことの許されない歴史的な真実そのものだった。学問はその真実を証明するために存在するのであり、批判的・客観的立場からの神国思想の検証などまったく論外であった。国語学の山田孝雄《やまだよしお》や歴史学の長沼賢海《ながぬまけんかい》といった著名な学者たちも、こと神国思想に関しては、学問的な立場を装いながらその真の精神を明らかにしていくというスタンスをとる以外に、選択の余地はなかったのである。

そうした状況は、敗戦によって一変した。国家主義の興隆に伴う神国思想の昂揚は、戦争の終結によって終止符を打たれた。この事件によって、日本の歴史学はようやく天皇制の呪縛から解放された。神国思想を実証的な研究の俎上《そじょう》に載せることのできる客観的条件が、ようやく整ったのである。

分裂する評価

敗戦を機とする社会情勢の変化を背景として、戦後になると神国思想の内容と構造を分析し、それを歴史上に位置づけようとする研究が相次いで出現する。それらの研究の関心は、まずは日本において初めて本格的に神国思想が興隆した時代とされる鎌倉期に向けられることになった。

その研究を受けて、戦後、最初に学界を支配した学説は、神国思想を古代的な支配勢力の反動的なイデオロギーと見るものであった。日本＝神国の主張は、古来日本に君臨してきた天皇の存在と密接不可分に関わるものだった。またそれが熱心に説かれたのも、主として京都の公家《くげ》政権側においてであった。そのため神国思想は、時期的には鎌倉時代―中世に説かれたものであっても、古代以来の残存勢力（朝廷）が自己の立場を正当化するために唱えた「古代的」思想と考えられたのである。

しかし、その後研究の進展に伴って、鎌倉時代の公家政権を「古代的」とみなす見解は日本史研究者の間でしだいに支持を失った。公家政権もまた平安時代の後半に起こった社会構造の転換に対応して、大きく変貌を遂げていった様相が明らかにされ、武家政権と並んで鎌倉期の公家政権を中世王権と見る立場が学界の常識となった。それに伴い神国思想もまた、一転して「中世的」な理念と規定されるに至るのである。

本書の課題

いま私は、近現代の日本において神国の問題がどのように取り上げられてきたかを概観した。そこでまず気づくことは、神国思想が論じられる場合、まずそれが好きか嫌いか、それを容認するか否定するかというスタンスが先に立ち、日本＝神国の主張が実際にいかなる論理構造をもっているのかという点については、立ち入った考察がほとんどなされていないことである。

歴史学をはじめとする学問の分野においても、もっぱら神国思想をイデオロギー論の視点からどのように評価するか（古代的か中世的か）という点に問題関心が集中して、神国思想の核心を正確に把握できているとはとてもいいがたい現状にある。その結果、神国思想に対する「反動的」「侵略的」といったさまざまなレッテル貼りは行われても、「古代的な神国思想とはなにか」「中世的な神国思想の特色は」といったもっとも基本的な疑問に対してさえ、今日の学界はまだ統一的な解答を提示することができないままでいるのである。

果たして神国思想は、その中身について議論する余地を残さないほど自明なものなのであろうか。私にはとてもそう思えない。私たちは神国思想をあれこれ評価しようとする以前に、神国思想そのものの内容分析に、腰を据《す》えて正面から取り組んでみる必要があるのではなかろうか。

こうした問題意識を踏まえて、私はこの本において、はじめて本格的に神国思想が勃興したとされる鎌倉時代（中世）を中心に、その思想の形成過程と論理構造を詳しく解き明かしてみたい。そして、それが前代（古代）の神国観念とどのように異なるのか、また、ひとたび確立した神国思想が鎌倉時代以降、近代に至るまでどのように変化していくのかといった問題についても、おおまかな道筋を示したいと考えている。

今日、世界的にナショナリズムの炎が燃え盛っている。この傾向は今後ますます強まっていくことが予想される。日本もまたこうした風潮と無縁ではない。本書は、神国思想の実態とその生成・展開について、先述のごとき視点から客観的な枠組みを示すことによって、わが国のナショナリズムの原点ともいうべき神国思想を考えていく際の、共通の土俵を提供することを目的とするものである。

序　章　神国思想・再考への道

神国思想は、これまであまりにもたびたび政治的な論議の対象となってきた。そのため、この思想を改めて考え直そうとするにあたっては、そこにまつわり付いている常識や先入観の手垢《てあか》をひとたび完全に洗い落とす必要がある。その上で、具体的な用例を踏まえながら、もっとも基礎的な段階から一つ一つ確実な考証を積み重ねていかなければならない。

1　「神国」の常識を疑う

現代人が抱く「神国」のイメージ

神国思想をめぐる実際の考察に入る前に、読者の皆様に一つお願いしたいことがある。それはこの本を読み進んでいくにあたって、あらかじめ「神国」に対して抱いている一切の常識と先入観を棄《す》てていただきたいということである。

私は先に、現代人が「神国」に対して抱くイメージの多様性を指摘した。そうしたなかで、あえて一般国民の最大公約数的な神国理解をキーワードとして示すならば、「天皇」と「ナショナリズム」という言葉が浮かび上がるのではなかろうか。

一九三七年（昭和一二）、戦時色がしだいに深まりゆくなかで、文部省は一冊の本を刊行し、各地の学校や官庁などに配布した。『国体の本義』である。「国体を明徴《めいちょう》にし、国民精神を涵養振作《かんようしんさく》」するために編纂されたこの本は、以後の教育の基本精神を定めたものであった。

その本文中に、「我が国は現御神《あきつみかみ》にましまず天皇の統治し給ふ神国である」という言葉がある。この簡潔な一文は、戦時下における「神国」の公的な定義を端的に示すものだった。神国とはなによりも、「天照大神《あまてらすおおみかみ》のご子孫であり、皇祖皇宗《こうそこうそう》の神裔《しんえい》」である、「万世一系《ばんせいいっけい》」の天皇が君臨し統治する国だったのである。

神としての天皇を戴《いただ》く日本は、他のいかなる国々、いかなる民族をも凌《しの》ぐ「万邦無比《ばんぽうむひ》」の神聖国家である。そうした立場にある日本が世界を導くのは、歴史の必然だった。日清・日露の両戦争も韓国併合も、そして満州国の建国も、すべて世界に「御稜威《みいつ》」（天皇の威光）を発揚しようとする「大御心《おおみこころ》」の現れにほかならない。――『国体の本義』はこのように説くのである。

現人神《あらひとがみ》である天皇の存在と、それゆえの万邦に対する日本の優越。――「天皇」と「ナショナリズム」という二つの要素は、「はじめに」で紹介した森元首相の「神の国」発言にも読み取ることができる。森発言の場合、さすがに露骨な日本の絶対化と海外侵略の肯定は影を潜めているが、この二要素こそは敗戦という事件を挟んで貫かれる、神国のイメージの核心をなすものだったのである。

さて、もう一度話を『国体の本義』に戻そう。『国体の本義』は先の言葉に続けて、神国思想は蒙古《もうこ》襲来以降、顕著な発達を遂げて「大和魂」として自覚・継承され、近くは日清・日露戦争において「力強く覚醒」されたと主張する。そして、その意義を端的に説いた言葉として、南北朝時代に著された北畠親房《きたばたけちかふさ》の『神皇正統記《じんのうしょうとうき》』から、

大日本《おおやまと》国は神国なり。天祖《あまつみおや》はじめて基《もとい》をひらき、日神《ひのかみ》ながく統《とう》を伝へ給ふ。我国のみこの事あり。異朝《いちょう》にはそのたぐひなし。このゆゑに神国と云ふなり。

というその冒頭の言葉を引用している。

神の子孫である天皇が君臨するゆえに、「異朝」（外国）とは異なる神国なのだという自覚が、外国の侵略に直面した鎌倉時代に高揚し、『神皇正統記』によって彫琢《ちょうたく》を施されて、今日に至るまで連綿として受け継がれてきた。――『国体の本義』はこのように主張しているのである。

辺境としての日本

『国体の本義』に説かれる神国の理念は、それを受け入れるか拒否するかといったスタンスの違いはあっても、大方の日本人が常識として抱いているイメージと、それほど隔たったものではないように思われる。

そうした理解を前提として、ここで改めて見ていただきたいのは、『国体の本義』が日本＝神国の根拠として引用した『神皇正統記』である。『神皇正統記』は初めに日本が神国であると高らかに宣言した後、同じ序文において、日本が世界全体のなかでどのように位置づけられるかを論じている。

『神皇正統記』はまず、この世界（娑婆《しゃば》世界）の中心には須弥山《しゅみせん》という山があるとする。そして、須弥山の四方には四つの大陸が広がっており、南にあるものを「贍部《せんぶ》」とよぶこと、その大陸の中央に位置するのが天竺《てんじく》（インド）であること、震旦《しんたん》（中国）は広いといっても天竺に比較すれば「一片の小国」にすぎないこと、を述べる。そして、日本はその大陸を離れた東北の海中にある、と主張するのである。

この言葉の意味を正確に理解するためには、当時の人々がどのような世界観を抱いていたかを把握しておく必要がある。

日本では平安時代の後半から、同時代を末法《まっぽう》の世と考える「末法思想」が流行し始める。末法思想とは、仏の教えが釈迦入滅《しゃかにゅうめつ》後、正法《しょうぼう》・像法《ぞうぼう》・末法という三段階を経てしだいに衰退していくという思想である。末法は、あたかも医薬品の効能期限が切れるごとく、仏法が人を救う力を失ってしまう時期であり、その時、この世は救済に漏れた悪人が充満する暗黒時代と化すと信じられた。

末法思想の流行にともなって、平安後期にはそれ以外のさまざまな仏教的理念も人々の間に定着していった。仏教は我々の住むこの現実世界について、独自のコスモロジーをもっていた。世界の中央には須弥山という高山がそびえ、それを同心円状に取り巻く幾重もの山脈の外側には、東西南北四つの大陸が広がっていた。この世界像からすれば、日本は南の大陸（贍部）の東北の海中にある、粟粒《あわつぶ》のごとき小島にすぎなかった。日本を、釈迦の生まれたインドから遥かに隔たった辺境の小島（辺土《へんど》粟散《ぞくさん》）とみなすこうした理念も、平安時代の後半には社会に共有されるに至る。

かくして平安時代の後半から鎌倉時代にかけて、日本を末法辺土の悪国であるとするネガティブな認識は、広く当時の人々の心を捉えていった。悪人のひしめく穢土《えど》としてのこの世を厭《いと》い、死後に理想の浄土への往生を目指す浄土信仰も、こうした思想状況を背景として起こったものだった。宗教の世界だけでなく、『方丈記《ほうじょうき》』や『平家物語《へいけものがたり》』といった文学作品、「地獄草紙《じごくぞうし》」「餓鬼草紙《がきぞうし》」といった絵巻物においても、現実否定の意識と無常観はその基調をなしている。末法辺土の自己認識は、文学・芸術・思想をはじめとする中世前期のあらゆる文化に深い影を落としていたのである。

辺土意識を克服した神国

それでは、二度にわたる蒙古《もうこ》襲来――文永《ぶんえい》の役《えき》（一二七四年）・弘安《こうあん》の役（一二八一年）――を契機としてにわかに台頭するとされる神国思想は、それ以前の思想の基調をなしていた末法辺土の自己認識とどのような関係にあるのだろうか。

この問題に関して、日本を選別された聖なる国土と見る神国思想は、そこを絶望的な状況にある粟散の小島とみなす末法辺土思想と、真っ向から対立するものであるという見方が学界では通説となっている。そして、神国思想は末法辺土思想が流行している状況に対し、それを「克服」するために説き出されたものであると考えられているのである。

平安時代後半から日本の現状を否定的に捉える末法辺土思想が広まり、人々の間に絶望感が募《つの》った。そうした状況を一転させたのが、神国思想の興隆だった。和辻《わつじ》哲郎《てつろう》門下で、東京大学教授を務めた古川《ふるかわ》哲史《てつし》氏は、それを端的に「神道的優越感」による「仏教的劣等感」の「克服」と解説している。このような見方の背後に、神国思想を神道的なもの、辺土末法思想を仏教的なものと捉え、神道による仏教の克服という図式のなかに神国思想の興隆を位置づけようとする意図を見出すことは容易であろう。

しかし、こうした理解は本当に的を射たものなのであろうか。私には、はなはだ疑問である。

たとえば、先に言及した『神皇正統記』の記述を思い起こしていただきたい。親房は日本の地理的位置を説明するために須弥山説を持ち出し、日本をインドから見れば東北の大海にある小島と規定していた。神国思想を説いて日本を神秘化した代表例としてたびたび引用される『神皇正統記』が、他方では神国思想が「克服」したはずの仏教的世界観を受け入れて、日本を辺土粟散と位置づけていたことは、きわめて興味深いことである。

この事実は、「仏教的世界観から神道的世界観へ」という図式、日本＝辺土粟散の理念が神国思想と相容《あいい》れないものであるという通説に対して、大きな疑念を抱かせるものである。ひいては、神国思想が本当に外国を意識してのナショナリズムの宣揚を目的としたものだったのか、という疑問につながるものでもあった。

2　放逐される天皇

不徳の天皇の末路

神国思想のもう一つのキーワードである「万世一系」の天皇という点についても、そのイメージを再考する必要があるように思われる。

『神皇正統記』にはその本文中にも、「我国は神国であるから、(歴代の天皇も) すべて天照大神の御計らいのままなのであろうか」として、日本を神国とする記述が見られる。ところが、その直後では、「けれども天皇に誤りあれば、在位期間も長くない。また最終的には正しい道に復帰するにしても、いったん没落するという例もある」として、その行為に誤りがあれば、たとえ天皇であっても夭折《ようせつ》や凋落《ちょうらく》の運命を避けることができないと主張する。さらに『神皇正統記』は天皇が実際に悪しき報いを受けた例として、「悪王」であったために皇統が断絶した武烈《ぶれつ》、乱れた政治が原因で後継者なきまま死去した称徳《しょうとく》、やはり「悪王」ゆえに皇位から引きずり下ろされた陽成《ようぜい》、三人の天皇の例を挙げるのである。

神国思想の興隆する鎌倉時代の後期は、日本に儒教的な徳治主義が本格的に移入された時代だった。その理念においては、天という絶対的な権威が実在し、人々の行為に対して道徳的な立場から厳格な応報作用を下すと考えられた。人は常に天から監視されているため、身を慎み徳にかなった言動をとるように求められたのである。

天の威力はすべての人々の上に平等に及ぶものであり、天皇もその例外ではなかった。天皇家に生を享《う》けて天皇の地位に即《つ》くことができたとしても、天の意志に反して悪政を行い民衆を苦しめた場合にはその位も安泰ではなく、中夭《ちゅうよう》や失脚の憂き目に遭うことすらありうるのである。

『神皇正統記』の天皇観

先ほどの『神皇正統記』の主張が、この儒教的な徳治主義にもとづくものであることは明らかである。『神皇正統記』は確かに、日本を天照大神の子孫が君臨する神国と規定した。しかし、神国の主人公である天皇は儒教的な天によってその命運を左右される存在であり、決して神聖不可侵な「現御神」ではなかったのである。

天皇観に関して、『神皇正統記』にはさらに注目すべき発言が見られる。先に挙げた、徳に欠ける天皇を論じる文脈のなかで、親房は「十善《じゅうぜん》の戒力《かいりき》によって天子とはなられても、代々のご行状は善悪さまざまである」と記している。仏教には国王となる条件として、前世に十善戒（十の善き行い）をたもつことが必要であるとする考え方があった。中世日本で、天皇がしばしば「十善の帝王」とよばれたのはそのためであった。

そうした思想を承《う》けて、ここでは天子＝天皇となる人物はみな過去世に十善戒を受けているのだ、と主張している。親房は、天皇となるためには過去世に仏教の戒律を受持する必要があると信じていたのである。

神国観念の多様性

私は先に、神国思想を説く代表的著作とみなされている『神皇正統記』が、一方では仏教的世界観に依拠して日本を「粟散辺土」と認識していたことを指摘した。そしていま、その天皇観も、天皇のもつ権威と聖性を、儒教的な徳治主義や仏教の十善の帝王説の立場から相対化するものであったことを確認した。そこに説かれる神国思想は、同じく日本を天皇の君臨する「神国」と主張するものであっても、仏教や儒教といった外来の要素を極力排除し、天皇が即自的に神聖な存在であることを強調する『国体の本義』のそれとは、単なるニュアンスの違いに解消しきれない本質的な相違があるように思えるのである。

その相違の中身については、後に詳しく論じることになるであろう。ここではさしあたって、一般の日本人が「神国」に対して抱いている先入観と、「神国思想」をめぐる学界の通説的イメージが、いかに危うい要素を孕《はら》んだものであるかを確認できれば十分なのである。

3 「神国」論への視座

姿を変える神々

私は本書において、史料に即した分析を進めることによって神国思想の実態を明らかにするとともに、神国思想をめぐるこれまでの通説・俗説を根本的に見直すことを目指している。

それでは、具体的にはどういった視点からそれを行おうというのか。私がまず留意したいのは、神国思想を解明するためには、その前提として日本の「神」の性質を正しく理解することが不可欠であるという点である。

今日、神はしばしば日本「固有の」、あるいは「土着の」存在というレッテルが貼られ、大方の人はほとんど疑問を抱くことなしにそれを受け入れている。しかし、歴史的な事実として、太古の昔から現代に至るまでの長い期間に、神はその性格において何度かの決定的な転換を遂げている。古代の神と現代の神の間には、同じ「神」という言葉で表現することが困難と思われるほどのイメージの隔たりが存在するのである。

神国の観念は、いうまでもなくそれぞれの時代の神の観念と密接不可分に関わっている。したがって、各時代における神観念の実態とその変貌のプロセスを正しく把握することなしには、神国の問題を的確に理解できるはずもない。しかし、神国思想を対象としたこれまでの研究のなかで、あまりにも当たり前のように思えるこの問題に、きちんと向き合ったものはあっただろうか。

歴史的文脈のなかでの把握

私たちが留意しなければならない第二の点は、神国思想を「神道《しんとう》」の枠内にとどめることなく、より広い思想的・歴史的な文脈の中で見ていこうとする姿勢である。

日本を神国とする主張が、日本の神祇《じんぎ》（天神地祇＝天地のあらゆる神々）の世界と密接不可分の関係にあることはいうまでもない。神の変貌に着目する第一の留意事項は、この点に関わるものであった。だが、中世についていえば、圧倒的な社会的・思想的影響力をもっていたのはむしろ仏教の方だった。その思想は当時の人々の意識や理念を根底から規定するとともに、政治的・社会的なイデオロギーとして猛威を振るい続けていた。しかも神国思想の成立と発展の時期は、仏教の浸透と大衆化の時代と軌を一にしていたのである。

見落としてならないのは仏教との関係だけではない。前近代の宗教世界を構成していたものには、神祇と仏以外にも、梵天《ぼんてん》・帝釈天《たいしやくてん》などの仏教の守護神、陰陽道《おんみようどう》に由来する閻魔法王《えんまほうおう》・泰山府君《たいざんふくん》をはじめ、星宿《せいしゆく》・御霊《ごりよう》・疫神《えきじん》などの種々雑多な神々がいた。儒教的な天の観念も見られた。そのため各時代の宗教世界の全体的構図を視野に入れることなしには、神国思想の正確な理解と位置づけはとうてい不可能である。

加えて、本論中でも述べるように、古代や中世はあらゆる社会関係が宗教のヴェールをまとって現出していた時代であったことも忘れてはならない。この時期には支配―従属といった政治的・世俗的関係までもが、宗教的な関係に擬制されるのが常だった。近代においてさえ、神国思想は濃厚な政治色を刻印されていた。まして前近代に勃興する神国思想を考えようとするにあたっては、その背後にあるさまざまな社会の動きに対する周到な目配りが必要であろう。

これまでの議論では神国思想の歴史的背景というと、いきなり蒙古襲来といった国際情勢に結びつけて語られることが多かった。しかし、それはあまりにも乱暴な議論といわざるをえない。それ以前に、日本＝神国の論理を当該時代の思想的・歴史的なコンテクストのなかで精密に読み解いていくという作業が求められているのである。

神国思想理解の前提

いささか前置きが長くなってしまった。そろそろ本題に入ることにしよう。

すでに述べたように、日本を神の国とする神国思想は、なによりも神に関わる問題だった。「神」の正しい理解なくして「神の国」を論じることはできない。そこで私たちは第一章において、実際に神国思想の分析に踏み込む前段階として、古代から中世にかけて、日本の神々がどのような形をとって存在し、いかに変貌を重ねていったのかを概観してみたい。次いで第二章では、そうした神々が仏教をはじめとする諸宗教と交渉を重ねながら、総体としてどのような信仰世界を形成していたのかを、同時代の社会や国家のシステムを視野に入れながら明らかにしていくことにしたい。

こうした作業とその成果を踏まえた上で、第三章以下において神国思想そのものの分析に取りかかることにしよう。

第一章　変動する神々の世界

神国思想は日本を神の国とみなす理念である。にもかかわらず、神そのものについて、これまでどれほどの関心が向けられてきたであろうか。ややもすれば私たちは日本の神を、「わが国固有の信仰」という一言でかたづけてきてしまったのではなかろうか。本章では神国思想を見直す前提として、古代から中世に至る神々の劇的な変貌ぶりを明らかにする。

1　古代的神祇秩序の形成

「日本神話」の誕生

「古代の神」といったとき、私たちはいったいなにを思い浮かべるであろうか。おそらく多くの人が真っ先に脳裏に思い描くのは、神々が生き生きと活躍する日本神話の世界ではなかろうか。イザナギ・イザナミの国生み、アマテラスの石屋戸《いわやと》籠《ごも》り、スサノオの八岐大蛇《やまたのおろち》退治、オオクニヌシと因幡《いなば》の白兎《しろうさぎ》など、日本人にはすでになじみになっている数々のエピソードからなる、優れた体系性を具《そな》えた一大叙事詩である。

しかし、日本神話は最初から首尾一貫した体系性を有していたわけではなかった。有力氏族がそれぞれの氏に関わる神話をもち、別個にその祖先神を祀《まつ》るというのが、より古い形態だったと考えられている。つまり、この列島上には、古来さまざまな神々とそれにまつわる複数の神話が共存していたのである。

それでは、もともとばらばらだった神話群は、なにをきっかけとして壮大な統一神話にまとめあげられることになったのであろうか。その原因は、七世紀後半に起こった国家体制の大規模な再編成の動きであった。

『古事記《こじき》』や『日本書紀《にほんしょき》』によれば、初代の天皇は神武《じんむ》天皇とされている。だが、実際には六世紀以前の大和朝廷の時代にはまだ天皇という名称は存在せず、国家の主導権を握っていたのも一人の王ではなくて、物部《もののべ》・中臣《なかとみ》といった有力豪族たちだった。そうした豪族主導の政治体制は、七世紀前半の聖徳太子《しょうとくたいし》の時代になってもまだ続いていた。聖徳太子が蘇我《そが》氏と手を結ばざるをえなかった理由も、豪族の実力と王の地位の不安定さにあったと考えられている。

これに対し、蘇我氏の滅亡を引き起こした大化《たいか》の改新（六四五年）をきっかけとして、政治に新しい流れが生まれる。七世紀末に至って本格化するこの運動を一言で総括するならば、有力豪族の連合政権という色合いの濃かった従来の国家体制を克服して、一人の王を中心とする強力な王権を築き上げようとするものだった。

大王から天皇へ

大化の改新に始まる中央集権国家への動きを、一挙に加速させたのが天武《てんむ》天皇である。天武天皇は改新の主役の一人、中大兄皇子《なかのおおえのおうじ》＝天智《てんじ》天皇の弟だった。

即位前に大海人皇子《おおあまのおうじ》とよばれていた天武天皇は、兄天智天皇の死後、天智の子である大友皇子《おおともおうじ》と皇位をめぐる激しい内乱に突入する（壬申《じんしん》の乱、六七二年）。文字通り骨肉の争いを勝ち抜いて即位した天武天皇とその妻である持統《じとう》天皇は、勝利の勢いに乗じて、この列島ではいまだかつてどの王も手中にしたことのない、圧倒的な専制権力の確立を目指した。その野望は政治制度や軍事力といったハード面での整備にとどまらず、王の地位をさまざまな手段でもって飾り立て権威づけようとする、ソフトのレベルの試みとしても現出することになった。

なかでももっとも有名なものは天皇号の採用である。天皇という名称がいつから使われたのかという問題については、さまざまな見解がある。かつては推古《すいこ》朝という説が有力だったが、今日では天武・持統朝説がほぼ定説化している。

天皇という称号が普及する以前、大和朝廷の王は「大王」（オホキミ）とよばれていた。その意味するところは文字通り「王の大なるもの」であり、大王のもつ権威も諸王に比べて相対的なものでしかなかった。それに対して「天皇」（スメラミコト）号は、他の王族や氏族の長とは隔絶した威力を有する、唯一至高の存在であることを誇示しようとする強い意味合いをもっていた。海外諸国の動向もにらみながら、それに対抗できるだけの強大な王権を確立しようとした支配層は、その頂点に立つ王の称号として、「天皇」という大陸にもほとんど前例のない名称を選択するのである。

天皇という称号を選んだ人々が次にしたことは、王の地位の神聖化だった。その代表例が、天皇を神とする「現御神《あきつみかみ》」（明神）の思想である。

『万葉集《まんようしゅう》』では柿本人麻呂《かきのもとのひとまろ》らの宮廷歌人たちが、天武天皇とその孫の文武《もんむ》天皇を、「大君《おおきみ》は神にしいませば……」と称えている。天武天皇の即位宣命《せんみょう》（即位に際して出される天皇の命令）には、「現御神と大八洲国《おおやしまぐにしろ》知しめす（日本を統治する）天皇」という言葉がみえており、天皇を神とする表現は、奈良時代以降の宣命の常套句《じょうとうく》となった。こうして天皇は、一般人民とは隔絶した神秘的存在へとしだいに上昇を遂げていくのである。

神々の再編と神祇制度の整備

天皇の地位の神聖化は、必然的に天皇の権威の源泉をなす皇祖神＝天照大神《あまてらすおおみかみ》にも、その地位の急速な上昇をもたらした。

かつてそれぞれの氏族が自分の祖先神を祀っていた段階では、神々のあいだに上下関係は存在しなかった。天皇家の祖先神の天照大神でさえも、なんら特別な存在とみなされることはなかった。しかし、「オホキミ」が「現御神」としての「スメラミコト」となったいま、状況は一変した。伊勢神宮《いせじんぐう》と天照大神は現御神たる天皇の祖神として、他のいかなる神社と神々をも凌《しの》ぐ、最高の国家社と国家神でなければならなかったのである。

かくして天皇の権威上昇を目指す現実世界の動向に呼応して、神々の世界でも、天皇家の祖先神であったアマテラス（天照大神）とそれを祀る伊勢神宮のもとに、各氏族の神々を統合しようとする運動が開始された。天武・持統朝におけるこのような形での神々の再編を端的に反映するものが、八世紀初頭に相次いで完成を見る『古事記』と『日本書紀』である。とくに『古事記』では、膨大な数の神々とそれを祖神とする諸氏族が天照大神と天皇家の系譜に結びつけられることによって、神々と氏族の序列化がみごとに成し遂げられている。また、書物を構成するそれぞれの説話やエピソードも高度に体系化され、皇祖神を中心とする有機的な一つの神話体系を作り上げているのである。

神話の体系化と神々の再編に並行して、この時期には神祇《じんぎ》制度の面でも大幅な改革と整備が進められた。まず新たに即位した天皇と神々との橋渡しをするための装置として、大嘗祭《だいじょうさい》が創出された。群臣を前に公開の場で行われる即位式に対し、深夜に厳重な秘匿《ひとく》のなかで執り行われるこの日本独自の儀式についてはさまざまな解釈があるが、新天皇が神々との関係を取り結ぶための儀式であることは疑問の余地がない。

さらに国々の主要な神社は官社として登録され、二月に行われる祈年祭《きねんさい》（としごいのまつり）の折には幣帛《へいはく》（神への供物）が下賜《かし》された。このシステムによって、それまで国家の干渉が及ぶことがなかった氏族の神々までが一元的な祭祀体系に組み込まれ、班幣《はんぺい》（幣帛を分かち与えること）の代償として天皇のために祈ることを義務づけられた。

こうして律令制下の神祇祭祀に位置づけられた諸社は、天照大神を祀る神宮を頂点として、捧げられる幣帛（貢ぎ物）の数量や社格によって序列化され、整然としたピラミッド型の階層秩序を構成するに至るのである。

2　中世的神祇制度への移行

律令制の解体とリストラの進行

完璧に整えられこの上なく強固にみえた神々の秩序にも、やがてひび割れが生じ始める。平安時代も半ばにさしかかろうとする一〇世紀ごろのことである。その原因となったものが、律令制を基盤とする古代的な支配体制の動揺と解体だった。

律令体制による支配は、戸籍によって人民一人ひとりを完全に把握することが不可欠の前提となっていた。律令制では一定の年齢に達した男性に口分田《くぶんでん》が与えられたが、その班給も税金の賦課も、戸籍にもとづいて個人ごとになされた。しかし、その支配があまりにも苛酷であることを嫌った民衆は、公田の耕作放棄や逃亡などの手段によって、それに激しく抵抗した。その結果、戸籍は有名無実と化し、律令制的な人身支配は、一〇世紀にはほとんど機能不全に陥ることになるのである。

古代的な律令制支配の解体は、国家に寄生してきたさまざまな人々や機関に対して、深刻な課題を突きつけることになった。支配体制の動揺は、とりもなおさず国家からの十分な支援がえられない事態を意味していたからである。とりわけ国家公務員ともいうべき貴族階層や、国立大学にもたとえられる有力寺院にとっては、国からの財政援助の途絶は存亡の危機に直結する大問題だった。財政が逼迫《ひっぱく》した国家機関では、生き残りをかけての本格的な組織改編が始まった。こうしてこの時期、日本最初の本格的なリストラの嵐が吹き荒れることになるのである。

その一方で、国家の支配に寄りかかることのできなくなった摂関家《せっかんけ》・大寺院などの有力な家々や機関（権門勢家《けんもんせいか》）は、みずから直接土地を所有してそこから年貢などを取り立てることに生きるすべを見出し、競うように領地（荘園《しょうえん》）の集積に乗り出した。こうして平安時代の後半には、有力貴族や寺院による仁義なき荘園獲得競争が繰り広げられた。本来そうした私的な争いの埒外《らちがい》にあるべき天皇家もまたその競争に積極的に参加し、膨大な荘園を領有するに至る。権門勢家による国土の再分割によって、一二世紀ごろには、国家の保有する土地（公領）と権門が保有する私的所有地（荘園）とがモザイクのように入り乱れる、「荘園制」

あるいは「荘園公領制」とよばれる中世的秩序が形成されるのである。

神社のサバイバル戦略

官社・官幣制度によってその秩序を保証されていた神祇界でも、古代的な支配体制の崩壊は衝撃をもって迎えられた。神々もまた国家に依存することは許されず、みずからの食いぶちは自分で稼がなければならない時代となったのである。

律令国家の庇護を失った有力神社は、官社の衣を脱ぎ捨てて自分の力でみずからの進むべき道を切り拓《ひら》くことを余儀なくされた。それは、あるいは「神領《しんりょう》」と称される荘園の集積と支配であり、あるいは不特定多数の人々を神社へといざなうことだった。かつては特定の氏族や共同体と深く結びつき、無関係な人々に堅く門戸を閉ざしていた神社は、平安時代の半ばから積極的に社参《しゃさん》と参籠《さんろう》を呼びかけるようになる。「土地」と「人」をどれだけ集められるかが、神社の存亡を分ける鍵となったのである。

律令制のもとで神社界の頂点にあった伊勢もまた、決して手をこまねいて事態を傍観していたわけではない。伊勢神宮の場合、御師《おんし》とよばれる人々が列島各地を歩き回り、神宮への土地の寄進を募《つの》っていたことが知られている。その活動によって、東国を中心に伊勢神宮領荘園＝「御厨《みくりや》」が数多く設立された。日蓮《にちれん》生誕の地として知られる安房国《あわのくに》（千葉県）東条《とうじょう》御厨も、元暦《げんりゃく》元年（一一八四）に源《みなもとのよりとも》頼朝が伊勢神宮に寄進したものだった。

おりしも摂関家や大寺院が、荘園の拡張とその支配の強化に血眼《ちまなこ》になっていた時代である。有力神社に見られる財政基盤の転換――国家による給付から私的な大土地所有（荘園）へ――も、同時代の社会全体の動向と完全に軌を一にするものだったのである。

二十二社・一宮制度

古代以来の由緒をもつ官社がその社会的な存在形態を変化させていけば、その影響は必然的に伊勢神宮を頂点とする神々の序列そのものに及ぶことになった。

古代律令体制のもとでの神々の秩序は、国家がそれを政治的・経済的に保証するという体制をとっていた。神社を統括する役所である神祇官には、神宮を頂点とする数千にも及ぶ全国の官社のリスト＝神名《じんみょうちょう》帳が備えられ、祈年祭などの折には幣帛が分かち与えられた。

しかし、こうした体制は古代国家の解体に伴って終焉《しゅうえん》を迎えた。もはや朝廷に列島津々浦々の神の面倒を見るだけの余裕はなかった。代わって平安時代半ばから形を整えていくのが、中央における二十二社と地方における総社《そうじゃ》・一宮《いちのみや》の制度である。

このうち二十二社制度とは、伊勢・石清水《いわしみず》・賀茂《かも》・松尾《まつのお》など畿内《きない》とその周辺の有力神社二十二社を選んで、王城鎮守《おうじょうちんじゅ》の役割を担うものとして特別な待遇を与えようとする制度である。特定の有力社への奉幣《ほうへい》は、一〇世紀から伊勢以下の一六社に対して、祈雨《きう》・止雨《しう》などを目的として開始されるようになったとされる。その後何度かにわたって新たな神社が付け加えられ、院政期に二十二社の体制が確立することになった。列島全域の神々に奉幣する力を失った朝廷は、全国的規模での神社の統括を断念した。その上で畿内近辺の、しかも天皇家や摂関家に関わりの深い神社に焦点を絞って、新たな体制を構築しようとしたのである。

他方、一宮は国ごとに有力な鎮守神を選定して「一宮」と称したものである。その成立は院政期のはじめごろと考えられている。総社は一宮以下の多くの祭神を一ヵ所に勧請《かんじょう》した神社で、中央政府の出先機関である国府内部かその近辺に設けられた。一宮と総社の制度は、ほぼ並行して形を整えていったものと推定される。

今日、研究者の間では、中央における二十二社制度と諸国の総社・一宮制の確立によって、中世的な神祇体制が確立するものと考えられている。

競いあう神々

二十二社という新しい神祇秩序への移行がほぼ完了する院政期以降も、伊勢神宮は相変わらずたてまえとしては「国家の宗廟《そうびょう》」としての特権的地位を保持し続けており、朝廷の公的信仰の中心的立場を他の神々に譲ることはなかった。だが神宮は、もはや古代のように国家に丸抱えにされた存在ではなかった。完璧に荘園領主への変身を成し遂げた延暦寺《えんりゃくじ》や興福寺《こうふくじ》などの巨大寺院（権門寺院）に比べればまだ不十分とはいえ、御厨・御園《みその》といった神領を主要な基盤とする荘園領主としての性格を深めつつあった。

一方、律令国家による統制のくびきから逃れた他の有力神社は、その社会的地位の上昇を目指して必死の努力を続けていた。神祇界全体に自由競争原理が導入されたいま、勝ち組に入るか負け組に入るかは、どの神社にとっても死活に関わる問題だった。いわば神祇界全体が自由主義体制へ移行するなかで、その至高の地位に対する国家の保証を失った伊勢神宮は、急激に台頭しつつあった有力な神社の間にしだいに埋没していく運命を避けることができなかったのである。

それは、伊勢神宮を頂点とする古代的な神祇秩序が崩壊し、国家から相対的に自立した有力社家がしのぎを削りながら、肩を並べて併存するという状況の到来を意味していた。神々はそれぞれの浮沈存亡を賭けた自由競争の時代へと突入したのである。

二十二社制度はそうした神祇界の混乱に、一定の歯止めをかけようとするものだった。神祇制度の全面的な崩壊は、国家にとっても神社側にとっても決して好ましい事態ではなかったために、両者の思惑のなかで新制度は一定の統合の機能を果たした。それは延暦寺・興福寺・園城寺《おんじょうじ》などの有力寺院が、一方では激しい対立と焼き討ちを繰り返しながら、もう一方では席を並べて朝廷の主催する護国の法会《ほうえ》に出仕していた状況に通じるものであった。

3 神々の反乱

山王神の造反

古代から中世への移行に伴う神社の存在形態の変化は、必然的に、思想や理念の面でも神々の世界に決定的な変化をもたらした。すでに述べたように、『古事記』は天照大神に始まる皇統の系譜の中に、血縁的な擬制をもって諸氏族の神々を位置づけていこうとするものだった。そこではムスヒの神といった、より根源的な神の存在がにおわされてはいても、天照大神が実質的な至高神であることについては異論を挟む余地はなかった。

ところが中世に入ると、さまざまな有力神が口々にみずからの優位を主張するようになる。諸神の頂点としての天照大神の地位は、理念のレベルでも神々の上昇と反乱によって瓦解に瀕《ひん》するのである。なかでももっとも鮮明な形で既存の秩序に反旗を翻《ひるがえ》したのが、最大の宗教権門である比叡山《ひえいざん》を後ろ盾にした日吉山王社《ひえさんのうしゃ》だった。

この日吉神社を中心として形成される山王神道関係の書物では、山王神こそが日本第一の神であるという主張が繰り返しなされている。山王神道を代表する教理書である『耀天記《ようてんき》』「山王事」は、「山王は日本無双の霊社、天下第一の名神。諸神の中には根本、万社の間には起因」と述べて、山王が日本における根源の神格であることを強調している。かつて神宮と山王社のあいだには、越えがたい溝が横たわっていた。だが山王神はいまやだれ憚《はばか》ることなく、公然と「天下第一の名神」であることを公言するのである。

ドである。

天に帰った神

諸神に対する山王神の優越の主張は、教理書以外のさまざまな史料にも見ることができる。以下に紹介するのは、山王社の縁起を記した『日吉山王利生記《ひえさんのうりしょうき》』に収められたエピソードである。

近ごろ、伊勢大神宮の祠官《しかん》がその社殿に参籠したときのことである。正門と思われる場所で、音高く扉をたたくものがあった。少しして、内から誰何《すいか》する声があった。

それに応えて来訪者は、震旦国《しんたんこく》（中国）隴山《ろうざん》の神です、少しお話ししたいことがございます、といった。

再び内から、「伊勢の神様はこのごろ下界にはおいでになりません。衆生《しゅじょう》がみな煩悩に汚され、神慮にかなわない時代になってしまったからです。いまは留守番役として、美野情という神がいるだけです。大事な相談ができるような神ではありません。重要な問題なら日吉山王へお参り下さい。かの神こそは変わることなく豊かな法味《ほうみ》に浴し続けていて、昔に劣らない効験をおもちです」という声があった。

この後、数十騎の騎馬が西に向かって走り出した様子を耳にしたところで、夢が覚めた……。

ここでは伊勢の神＝天照大神は、日本の国土と人民を守護すべき最高の神格としての責務を放棄して、天に昇ってしまったことになっている。代わってこの世界を取り仕切っている神こそ、比叡山の仏法の威力を背景としてもつ日吉山王社だったのである。

神々の下剋上

こうした形での神々の自己宣伝は、日吉山王社だけに限られるものではなかった。比叡山と並ぶ一大宗教権門である興福寺を後ろ盾にする春日社《かすがしゃ》についても、南北朝時代の公卿《くぎょう》である二条良基《にじょうよしもと》は、寺僧からの聞き書きとして次のような言葉を記している。

　この春日大明神のことを、神はどれでも同じなどと心得て他の神々と等し並に扱うことこそ、返す返すも無念でございます。この日本国を取り計らう役目を担うものこそ当社にほかならないのです。

日本国の一切を取り仕切る役割をもったものが春日の神であるとして、他の神々との格の違いを強調するのである。

これ以外にも、中世の熊野《くまの》本宮《ほんぐう》では、みずからを「日本第一大霊験熊野三所権現《さんしょごんげん》」と称することが一般化していた。石清水に祀られた八幡神《はちまんじん》の霊験を記した『八幡《はちまんぐ》愚童訓《どうきん》』には、

「八幡大菩薩は十方の諸仏よりも尊く、三千の神祇よりもすぐれた徳をおもちである」という言葉が見える。『日光山縁起』は、「日光山の利生（ご利益《りやく》）はことに余社を超えるものがある」と説いている。中世に入るとどの神々も口々に、みずからの優越を声高に主張するようになるのである。

神々の自己主張は、伊勢神宮の内部にまで及んだ。伊勢は内宮《ないくう》と外宮《げくう》という二つの神社からなり、それぞれ天照大神と豊受《とようけ》大神を祀っている。内宮の祭神天照大神は天皇家の祖先神であり、本来、日本の神々のなかで頂点に位置づけられる存在であった。それに対し外宮の豊受大神は、天照大神に神饌《しんせん》（食事）を捧げる役割を与えられた神であって、本来、両神の格の違いは歴然たるものがあった。それが古代においては、そのまま内宮と外宮との社格の違いともなっていたのである。

ところが平安時代の後半から、外宮は御師などの活躍によってしだいに力をつけ、内宮をしのぐような経済力をもつに至る。そうした実力を背景に、外宮側は宗教的な権威においても、みずからを内宮と対等以上の地位にまで引き上げることを目指した。そのため外宮神官の度会《わたらい》氏主導のもとに形成された伊勢神道では、従来、天照大神の下位に置かれていた豊受大神が、立場を逆転してその上に位置づけられることになったのである。

神道史家の高橋美由紀《たかはしみゆき》氏は、天照大神という神祇世界に君臨してきた至高神を相対化し、それを超越しようとする中世神道界の動向を、「神々の下剋上」と評している。中世に入ると神祇界は、それぞれの神が我勝ちに自己の威光と優越を主張する、いわば神々の戦国時代に突入するのである。

国民神となった天照大神

こうした状況の中では、天照大神もまたなんらかの手だてを講じることなしに、かつてのような特権的地位を維持することは不可能だった。ほかの有力神と同様、天照大神も生存と上昇のための絶え間ない努力が求められる時代になったのである。

ただしこの変化は、伊勢神宮と天照大神にとって決して悪いことばかりではなかった。古代における天照大神は神々の頂点に位置づけられてはいたものの、天皇家以外の人々が参詣することも幣帛を捧げることも認められてはいなかった。現在のように一般人が気軽に神宮に参拝するなど、想像もできないことだった。そのため、その地位の高さにもかかわらず、天照大神は当時の民衆の間では意外なほどに知名度が低かった。天照大神を念ずるように、という夢告を受けた『更級日記《さらしなにっき》』の作者菅原孝標女《すがわらのたかすえのむすめ》は、天照大神がどこにいるどのような神なのかをまったく知らなかった。

しかし、律令制度の崩壊によって状況は一変した。天照大神はもはやその由緒に寄りかかることは許されなかった。天皇家の祖先神としてお高くとまっているだけでは、激動の時代を乗り切ることは不可能だった。みずから民衆の間に分け入り人々の心をつかむことが、生き延びるために必須の時代となった。こうした課題を担って御師が列島を徘徊《はいかい》し、人々に土地の寄進と神宮への参詣を勧めたことは先に述べた通りである。神宮が天皇家と関わりのない鎌倉幕府の大規模な援助を仰ぐといった事態は、かつてはまったく考えられないことだった。

かくして天照大神は中世には、人々の祈願に気軽に耳を傾けその私的な願いを聞き届ける、開かれた神へと変貌を遂げた。その結果、一般社会における天照大神の知名度は、古代に比して著しい上昇を見せることになった。このような性格の変化は天照大神だけにとどまらず、程度の差こそあれ、どの有力神にも共通して見られる現象であった。古代の有力社の多くは、特定氏族と不可分の絆《きずな》を有していた。その関係は春日社と藤原《ふじわら》氏のように基本的には中世まで継承されるものの、他方ではどの神も特定氏族の枠を越えて、一般の人々の間での新たな信者層の獲得を目指した。そうしたなかで、神々は氏族の専有する氏神としての性格を薄め、大衆に共有される「国民神」としての色彩を強めていくのである。

4　土地を支配する神々

神領と仏土

国家の傘下を離れて自立の道を模索しつつあった神々が次になそうとしたことは、みずからが主権者として特定の領域に君臨し、そこを排他的・独占的に支配しようとすることだった。

一二世紀ごろから神社の発給する古文書《こもんじょ》の中に、神社がその社領や御厨を神の支配する土地＝「神領」であるとして、そこに対する国家からのさまざまな課税を忌避しようとするものが数多く見えるようになる。天永三年（一一一二）七月六日付の「鳥羽天皇宣旨案《とばてんのうせんじあん》」は、春日大明神の神威を盾にして氷馬役《ひばやく》（夏に氷室《ひむろ》の氷を運ぶ荷駄）を免除されることを願う、春日神社からの解状《げじょう》（要望書）を載せている。神領荘園は神の君臨し支配する聖なる土地であり、神への奉仕を本務とする地であるから、世俗の権力に税を納める必要はないと主張するのである。

おりしもこの時期、寺領荘園でもそこを仏の土地＝「仏土《ぶつど》」とする記述が頻繁に見られるようになる。大寺院はその主権者・守護者としての本尊仏の存在を強調することによって、国家の課税を拒否するとともに、寺領の保全と近隣領域の囲い込みを試みていった。みずからの荘園支配を安定化させ、そこから年貢をはじめとするさまざまな負担をスムーズに取り立てるために、寺院も神社もその支配する領地が神仏の支配する神聖な領域であることを強調していくのである。

あたかも領主がみずからの領地を支配するように、外からの妨害を排除しながら自身の意思で社領の支配を遂行していく新たなタイプの神のイメージは、さまざまなエピソードや逸話を通じて人々の間に定着することになった。次に紹介するのは、『峯相記《みねあいき》』に収められた白国《しらくに》大明神にまつわる逸話である。

鳥羽院の御子が水無瀬《みなせ》川に御幸《ぎょこう》されたときのことである。唐人の姿をした女性が出現して、「私は播磨《はりま》の国の白国神である。神田《しんでん》を目代《もくだい》（代官）に横領されてしまったので、ぜひお返しいただけるようお計らいいただきたい」と述べた。驚いた御子が国司に命じて、目代から事情を聴いたところ、確かに神田の水田一段を没収していた。そこで、ただちにそれを返却するよう命じた……。

神はその領土（神領）が危機に瀕したときには、みずから姿を現して領有の正当性を主張することさえ厭《いと》わなかったのである。

敵対者への神罰

社領《しゃりょう》が神の君臨する聖地であるとすれば、そこに土地を寄進することはこの上なき善行であり、逆にそれに対する不当な侵略や没収は神に対する公然たる敵対にほかならない。

鎌倉時代に編纂された説話集『沙石集《しゃせきしゅう》』は、神田を押領して返却の要請に応じなかった地頭が、神の罰を受けて狂乱のなかで死んでいった様子を生々しく描写している。また藤原基《ふじわらのもと》頼《より》という人物が元永《げんえい》元年（一一一八）に北野天満宮《きたのてんまんぐう》に提出した寄進状には、「もし末代に至って、この神領を国家の土地として没収しようとする役人があれば、天満天神の冥罰《みょうばつ》を被ってたちまち役職を失い、今生《こんじょう》と来世の望みはすべて断たれ、子孫は滅亡するであろう」という言葉が見える。神は現当二世（この世とあの世）にわたる強烈な賞罰の威力を行使しながら、世俗の領主が領地を統治するごとくに、神領に君臨する存在と観念されていたのである。

先にも述べたように、神領の観念が強調される時期は、寺院の所有する荘園を「仏土」「仏地」とする理念が高揚する時期と重なるものであった。仏土と神領はその境界をめぐって、時には鋭い対立を見せることもあった。だがそうした表面上の相克にもかかわらず、社領荘園を不可侵の聖地とする観念が、仏土の論理の成長とその歴史的背景を同じくするものであることは明らかである。それらはいずれも、古代社会から中世的社会への移行に伴う、寺社勢力による荘園支配の成熟を背景として浮上してくる理念だったのである。

この時期、荘園領主階層にとっては、みずからの領地に対する国家や近隣領主の干渉と侵略を排除して、いかにそこを排他的に安定支配できるかが最大の課題となっていた。それは荘園領主としての権門寺社にとっても他人事ではなかった。その際、権門寺社は、その荘園経営に自身の宗教領主としての特性をフルに活用しようとした。それが寺社領の荘園を神仏の君臨する聖なる地（「仏土」「神領」）であるとする論理だった。

「仏土」「神領」に手を出すなら、厳しい仏罰・神罰を覚悟せよ。——彼らは領地の本源的主権者としての仏神を表に立てることによって、その支配をイデオロギー面から正当化しようとしたのである。

古代の「神の土地」との違い

ある一定の領域を神聖な神の地とみなす観念は古代にも存在した。それはしばしば、「神のうしは（領）ける地」とよばれた。『万葉集』では筑波山における嬥歌《かがい》の際の風習が、「この山を領く神の昔よりいさめぬわざ」と表現されている。筑波山は神の領する土地だった。それは中世に成熟する「神領」の理念と、どのように異なるのであろうか。

太古の時代以来、日本列島に住む人々は自然の中にあるさまざまなものに「カミ」の存在を感じ取ってきた。秀麗な姿をした山々や巨大な岩石、ランドマークとなるような大木などはしばしば神霊の宿る対象とみなされた。それ以外にも、海峡や坂や川といったあらゆる場所に神々は存在した。石田《いしだ》一良《いちろう》氏はこうした神々の独自のあり方を指摘した上、一定の区域（クニ・シマ）を「うしはく」＝占める神々によって、この列島があたかも蜂の巣のごとく分割されているという観念が古代日本の空間意識であったと論じている。

ただし、古代以前の「神のうしはける地」はあくまで抽象的・観念的なレベルのものであって、中世の「神領」のように、目に見える境界線と具体的な数値で示すことのできる支配領域をもつことはなかった。そのため古代では、神領の境界の画定やその侵犯をめぐって、神社と周辺領主との対立や裁判沙汰は起こりようもなかった。

しかも、中世とそれ以前では神そのもののイメージが決定的に異なっていた。日本ではそもそも、神はいつも一定の場所に鎮座しているわけではない。神々は私たちが会いたいと願っても、人間の側の都合だけで会うことはできなかった。神は基本的に祭りの時期やある期間中だけ祭祀の場に来訪するものだったのであり、祭りが終わればまたどこかに去ってしまうものと考えられていた。神が特定の神社に常住するという観念が広く社会に定着するのは、せいぜい律令国家の形成期以降のことだったのである。

それに対して中世の神々は、もはや遊行《ゆぎょう》を繰り返す存在ではなかった。常時、社殿の奥深くにあって鋭い眼差しで絶えずこの世を監視し続け、いったん神社やその領地に緩急あれば、ただちに行動を起こすものと考えられていた。神は太古の時代のような目に見えない存在ではなく、しばしば老人や女性、子供の姿をとってこの世に現れ、人々にあれこれと指示を下した。

こうした人格神の観念を背景として中世に成熟する神領は、必然的に一定領域を排他独占的に支配しようとする強烈な指向性を有するものとなった。またその支配を貫くためには、国家や他の領主たちと真っ向から対決することすら厭わないものだったのである。

ため息をつく神

古代から中世への転換の過程で、日本の神々は具体的な姿と眼差しをイメージしうる人格神としての性格をしだいに強めた。また信仰する者に厚い恩寵を与えるとともに、その意思に反する人間に対して容赦ない懲罰を下す、アメとムチを兼ね備えた畏怖すべき存在と観念されるようになっていった。しかし、それは決して神々が絶対者にまで上昇したことを意味するものではなかった。

以下に紹介するのは、鎌倉時代の説話集『古今著聞集《ここんちょもんじゅう》』に収録された一説話である。

最澄《さいちょう》の弟子で、第三代の天台座主《てんだいざす》となった慈覚大師円仁《じかくだいしえんにん》が、比叡山で如法経《にょほうきょう》を書写していたときのことである。一人の老翁が杖にすがってようやく山に登ってきたとみるや、「なんと苦しいことよ。内裏《だいり》の守護といい、この如法経の守護といい、年をとってますますたいへんになってまいりましたぞ」といった。どなたがおいでになったのかと思って尋ねてみたところ、「住吉《すみよし》の神でございます」という返事だった。

この説話は、最終的には住吉の神の加護を受けた天皇と天台宗の威信を説くものではあるが、著名な住吉の神が、老齢をかこちながら山に這《は》い登ってくるような老人のイメージで描写されていることは興味深い。

中世の神は人々に対して厳然たる賞罰の力を行使する、まことに恐るべき存在だった。だが、決して全知全能の絶対者ではなかった。神々は多彩で豊かな情感を有し、ときには神同士の戦闘で傷つき血を流し、ときには弱音をはくような、人間的な数々のエピソードで彩られていたのである。

第二章　神と仏との交渉

国家的な神祇《じんぎ》秩序の解体と神々の自立が、中世に向けての神祇界の一つの変化であるとすれば、いま一つの重要な変化は仏教との全面的な習合だった。主要な神々はみな仏の垂迹《すいじゃく》とされ、仏教的なコスモロジーの中に組み込まれた。中世の神国思想は、こうした濃密な神仏混淆《しんぶつこんこう》の世界から生まれたものだったのである。

1　神仏習合の展開と本地垂迹説の成立

神社の寺院への従属

日本に仏教が伝来したのは六世紀ごろのことだったと考えられている。『日本書紀《にほんしょき》』の記事からは、百済《くだら》から仏教が伝えられた折に、その受容の可否をめぐって朝廷内部で軋轢《あつれき》が生じた様子を窺《うかが》うことができる。伝統的な神祇祭祀を司る一部の氏族の反発はあったものの、以後、仏教は順調にこの列島に根を下ろし、飛鳥《あすか》・白鳳《はくほう》・天平《てんぴょう》と続く仏教文化を花咲かせていくのである。

相次ぐ寺院の造立や出家者の劇的な増加にもかかわらず、伝来してからしばらくの間、神と仏は相互に内的な関係を取り結ぶことはなかった。ところが奈良時代になると、新しい動きが起こってくる。日本の神々が仏法の守護神（護法善神《ごほうぜんじん》）として位置づけられる一方、神社の周辺に神宮寺《じんぐうじ》とよばれる寺院が建立されるようになるのである。越前国気比《えちぜんのくにけひ》神宮寺・若狭国若狭彦神願寺《わかさのくにわかさひこしんがんじ》に始まり、鹿島《かしま》神宮寺・多度《たど》神宮寺と続く一連の神宮寺は、日本の神々をなだめ癒すために神社に隣接して建てられたものだった。神は煩悩に苦しむ衆生の一人として、仏教に救済を求めていると信じられたのである。

ただしその場合でも、主役はあくまで神社に祀られた神であり、寺院はまだ神を慰めるための付随的な施設にすぎなかった。

それに対して、平安時代の後半以降、神宮寺と神社との力関係は逆転する。王城鎮守《おうじょうちんじゅ》としての高い格式を誇る石清水八幡宮《いわしみずはちまんぐう》では、もともとその付属寺院＝神宮寺にすぎなかった護国寺《ごこくじ》が逆に神社を支配するようになる。それは九州の弥勒寺《みろくじ》と宇佐《うさ》八幡宮の関係についても同様だった。これ以外にも、日吉社《ひえしゃ》と延暦寺《えんりゃくじ》、春日社《かすがしゃ》と興福寺《こうふくじ》といった関係に見られるように、伊勢神宮《いせじんぐう》を除く大規模な神社の大半が寺家の傘下に入り、その統制に服するようになった。

表面的には仏教を忌避《きひ》しているように見える神宮ですら、鎌倉時代の末には供僧《ぐそう》がおかれ、境内で仏教的な法会《ほうえ》が催された。僧侶の社参が盛行し、神官の葬儀も仏式で行われるのである。

こうして中世には、どの神社においてもその主導権は僧侶の手に委ねられた。武家の都である鎌倉の中心、鶴岡《つるがおか》八幡宮を支配したのも神官ではなく、別当《べっとう》・供僧とよばれる天台宗《てんだいしゅう》や真言宗《しんごんしゅう》出身の僧侶たちだったのである。

本地仏の確定

神社と寺院との一体化が進行する平安時代には、思想的なレベルでも神と仏の交渉が著しく進展した。なかでも重要と思われる現象は、本地垂迹《ほんじすいじゃく》とよばれる新しい思潮の誕生と列島全域への浸透である。本地垂迹説とは神々を、仏（本地）が日本の人々を救済するために姿を変えて出現したもの（垂迹）と捉える見方であり、神仏を本質的には同一の存在として把握するところにその特色があった。

奈良時代の末期から、宇佐八幡などの神に対して「菩薩《ぼさつ》」号が奉ぜられるようになる。また平安時代に入ると、筑前国筥崎宮《ちくぜんのくにはこざきぐう》・尾張国熱田《おわりのくにあつた》神社・吉野《よしの》金峯山《きんぷせん》などでは、祭神が「権現《ごんげん》」の称号でよばれた。権現とは、仏・菩薩が権《か》りに神の姿をとってこの世に現れたことを意味するものであり、本地垂迹説の事実上の出発点を意味するものだった。

平安後期にはこの思想の流行に伴って、有力な神社では個々の祭神ごとに本地仏が定められるようになり、鎌倉時代にはほとんどの神について本地が特定された。石清水八幡の本地は阿弥陀仏《あみだぶつ》とされ、熊野《くまの》では本宮《ほんぐう》・新宮《しんぐう》・那智《なち》それぞれに、弥陀《みだ》・薬師《やくし》・観音《かんのん》の三仏が配された。天照大神《あまてらすおおみかみ》の本地を観音菩薩や大日如来《だいにちにょらい》であるとする説も広まった。

神仏習合の深化に伴って、仏教の論理で神祇信仰を解釈した山王神道《さんのうしんとう》や両部《りょうぶ》神道が成立し、垂迹曼荼羅《まんだら》・神像彫刻といった習合芸術も発展した。今日も数多く残されている垂迹曼荼羅の一つ「春日曼荼羅《かすがまんだら》」は、写実的な筆致で春日神社の社頭の景観を描写した画面の上方に、一宮から四宮までと若宮《わかみや》それぞれの本地仏を描いている。これは本地垂迹の理念を可視的に表現したものにほかならない。

また『日本書紀』の神話に仏教的視点を加味した独自の解釈を施す新たなタイプの学問（中世日本紀）が生まれ、中世神話ともいうべき思想世界が発展していくのである。

本地垂迹説の背景

平安時代に本地垂迹説が説き出され、またたく間に列島を席捲することになった原因は何だったのだろうか。その背景には、一〇世紀ごろから急速に進展する彼岸《ひがん》表象の肥大化と浄土信仰の流行があった。

死後の世界（冥界・他界）の観念はもちろん太古の時代から存在した。考古学的な発掘調査の結果、今日では縄文人《じょうもんじん》の埋葬方法までが知られるに至っている。だが、平安時代前半までは人々の主たる関心はもっぱら現世の生活に向けられており、来世―彼岸はその延長にすぎなかった。それに対し、平安時代半ばからしだいに観念世界に占める彼岸の割合が増大し始め、一二世紀に至ってついに現世を逆転するのである。

この世はしょせん仮の宿りにすぎない。来世の浄土こそがこいねがうべき真実の世界なのであり、現世の生活のすべては往生《おうじょう》実現のために振り向けられなければならない。――かくして、この世と断絶した死後世界としての他界浄土《たかいじょうど》の観念が定着し、古代的な一元的世界観に対する、他界―此土《しど》の二重構造をもつ中世的な世界観が完成するのである。

この時期、往生の対象としての彼岸世界を代表するものは、遥か西の彼方にあると信じられた西方極楽浄土《さいほうごくらくじょうど》だった。阿弥陀仏のまします極楽浄土への往生は、浄土信仰の代名詞となった。しかし、それ以外にも観音菩薩の補陀落《ふだらく》浄土、弥勒《みろく》菩薩の兜率《とそつ》浄土、薬師仏の浄瑠璃《じょうるり》世界、釈迦《しゃか》仏の霊山《りょうぜん》浄土といった多彩な他界浄土が、往生すべき地として人々の憧れの的となっていたのである。

末法辺土の救済主

浄土往生に人生の究極の価値を見出した当時の人々にとって、最大の関心事はいかにすればそれを実現できるのかという問題だった。

浄土信仰といえば、すぐに法然《ほうねん》や親鸞《しんらん》の名前と彼らが説いた専修念仏《せんじゅねんぶつ》の思想が思い浮かぶ。口に念仏を唱えれば、だれもが平等に極楽浄土に行くことができるというのが、その主張の骨子だった。しかし、法然が登場する以前の浄土教では、念仏のような往生のための特効薬は存在しなかった。往生を可能にする行は無数にあり、そのうちのどれがもっとも有効かをめぐって、まだ試行錯誤が続いていた時代だったのである。そうしたなかで、大方の人々がもっとも効果的な実践と考えていたのが「垂迹」―神への結縁《けちえん》だった。

平安後期から急速に普及する仏教的コスモロジーにおいては、日本は此土のなかでもその中心である天竺《てんじく》（インド）から遠く離れた「辺土」であると位置づけられた。しかも時代は「末法《まつぽう》」の世であり、そこに生まれあわせた人々はみな根性の曲がった悪人だった（序章参照）。救済の望みを断たれた衆生が群れ集う悪世というのが、当時の一般的な同時代認識だった。こうした思想状況のなかで、末法辺土の救済主として垂迹がクローズアップされてくるのである。

この世の浄土としての神社

それにしても、なぜ垂迹―神への信仰が浄土往生と結びつくのであろうか。次の一文が、その関係を端的に説き示している。

いま日本は釈尊《しやくそん》が入滅《にゆうめつ》して二千年を経た末法の時代であり、天竺を去ること数万里の僻地《へきち》である。諸仏・菩薩はこうした世界に生まれた衆生を哀れんで、われらを救いとるべく「神道」として「垂迹」されたのだ。もし神明《しんめい》が出現されることがなかったら、我々はどのようにして仏法と縁を結ぶことができようか。神は現世のさまざまな祈願を軽んじられても、人が真剣に生死の世界からの離脱を祈るときは、衆生を彼岸に往生させるという本懐を必ずお示しになるのである（大意）。

これは源氏と平家の興亡を描いた中世の戦記文学、『源平盛衰記《げんぺいじょうすいき》』に見える言葉である。この一文が端的に示すように、垂迹—神がこの世に出現した理由は、末法辺土の衆生を正しい信仰に導き、最終的には彼岸の浄土に送り届けるためだった。したがって、垂迹のいる霊地・霊場に足を運び帰依することが、往生へのなによりの近道と考えられることになった。八幡神《はちまんじん》の霊験を説く『八幡愚童訓《はちまんぐどうきん》』乙本は、極楽に行きたいと思うなら、阿弥陀仏の垂迹である八幡神のましますその社壇に参詣すればいい、と記している。中世の文献には、実際に人が神に往生を祈る話がたびたび登場する。

私たち現代人にとって、神はもっぱら現世のご利益を司る存在である。神社で葬式を行うことはまずない。死後の救済は神の任務ではなく、仏の役割だった。それに対し、中世では神々が霊魂を浄土に送り届ける役割を担っていた。それは神を末法辺土の救済主と捉える、当時の一般的な認識を前提にしたものだったのである。

2　祟り神と罰する神

見えない神から見える神へ

神と仏との親密化・同体化に伴って、日本の伝統的な神々は仏教の影響を受け、その基本的な性格を大きく変容させていくことになった。

律令国家の成立期から、神は一つの神社に定住しているという見方が次第に支配的になってくることが指摘されている。かつて神々は定まった姿をもつことなく、気ままに遊行《ゆぎょう》を繰り返す存在だった。神は祭祀の折にだけその場に現れて、それが終了すればまたどこかに立ち去るものと考えられていた。

しかし、律令国家の形成と永久都市の建設は、もはや神にそうした自由を許さなかった。神は常に都の主人である天皇の傍《そば》にあって、二十四時間、王の身体を守護することを求められるようになったのである。王権は、神がそうした機能を果たすことができるように王城内部やその近辺にりっぱな社殿を建設し、定期的な奉仕と祭祀を保証した。かくして神は、あたかも仏殿に鎮座する仏たちのように、神社に常駐して天皇の立ち居振る舞いに目を配ることを義務づけられるに至った。

九世紀に入ると、神の身の上にもう一つの新しい変化が起こってくる。列島各地で、仏像になって神像が広汎に制作されるようになるのである。すでに述べたように、日本の神は本来定まった身体を有することがなかった。それに対して、神像の制作を通じた神の可視化・定住化とでもいうべきプロセスは、神々の歴史を語る上で画期的な現象だった。社殿に常駐して王権を守護する神のイメージは、神像の出現によっていっそう確たるものになったのである。

神々の性格の合理化

仏教との交渉に伴う神々の性格の変化の一つが定住と可視化であったとすれば、もう一つの顕著な変化は神々の性格の「合理化」とでもいうべき現象だった。

古代以前の社会において、神々が人間に対して起こす作用はしばしば「祟《たた》り」とよばれた。その際、どの神が、いつ、どのような内容の祟りを下すかは、通常の人間が予知できる範囲を超えていた。

『肥前国風土記《ひぜんのくにふどき》』の記事である。――姫社《ひめこそ》の郷に荒ぶる神がいて、通行人を無差別に殺害することが続いていた。困った人々が祟る理由を問うたところ、筑前国宗像《むなかた》郡の珂是古《かぜこ》という人物に自分を祀らせよ、という託宣があった。その言葉に従ったところ、祟りは起こらなくなったという。

このエピソードから知られるように、祟りは神から人間に対して与えられる一方的な作用であり、指示であった。祟りを通じて神がある行動を人間に求めたとしても、ほとんどの場合、その理由は論理的に説明できるような類いのものではなかった。珂是古に神を祀らせるという発想は、神からの指示がない限りだれも思いつくはずのないことであり、それによってなぜ祟りが沈静化するかもまったく不明である。

にもかかわらず、人間が神の意思の是非を詮索することは許されなかった。祟りを鎮めるためには、いかに不可解で非合理な命令であっても、神の要求に無条件に従うほかはなかったのである。

返祝詞の成立

平安時代の中ごろから、神と人間との関係は明らかに変化を見せはじめる。その一つの現れが、天皇による神社行幸《ぎょうこう》の開始と返祝詞《かえしのりと》の制度の確立である。

天皇と神祇は古来、密接不可分の関係にあるとイメージされがちだが、一〇世紀に入るまでは天皇自身が神社に足を運ぶことはなかった。神社行幸の成立は、承平《じょうへい》・天慶《てんぎょう》の乱が鎮定された後の天慶五年（九四二）をまたなければならなかった。

その際に注目されるのは、この制度の創設に伴って、賀茂社《かもしゃ》や石清水社において「返祝詞」とよばれる新たな儀式が誕生することである。これは神社行幸にあたって、天皇の使者による神前での宣命《せんみょう》奏上に対し、神が祝《はふり》の口を通じて返答の祝詞を読み上げるというものである。その内容は、奉献された品々を確かに納受したという謝辞と、そのお返しとしての王権護持の確約が中心をなしていた。

神が天皇に対して直接返答するというこの儀礼は、それ自体、興味を引かれるものであるが、神—人関係という側面から見ても新たな関係性の成立を見て取ることができる。ここでは神は天皇の行為に反応して、その身体の護持を約束している。神はもはや一方的に人間に服従を求める立場にはない。言葉や行為を介在することによって、人との応酬が可能な存在へと変化しているのである。

もちろん、神々の天皇護持という観念はすでに『日本書紀』にもはっきりと現れていた。永久都市の建設に伴って、その思想が強化されていったことはすでに述べた通りである。しかしその一方で、神は不可測の意思を持ち、予測不可能な祟りを突発的に下すという神秘的性格を一貫して保ち続けていた。返祝詞の主体である賀茂神もまた、平安初期までは天皇の身体にたびたび祟りをなしていた。返祝詞の成立は、そうした神々が「非合理」の衣を脱ぎ捨てて人間との対話可能な「合理的」存在にまで立ち至ったことを、端的に物語る現象だったのである。

祟りから罰へ

神々の合理化のもう一つの現れは、神の作用を形容する言葉として、「祟り」に代わって

「罰」が用いられるようになることである。

たとえば、一二世紀から作成されはじめる起請文《きしょうもん》について考えてみよう。起請文は中世文書を代表する様式であり、中世を通じて膨大な数が作成された。そこでは誓約の監視者として必ず神々が勧請《かんじょう》されるが、それらの神の作用はすべて「罰」と記され、「祟り」としたものは一つも見当たらない。

他方、神と「祟り」を結び付ける記述の方は、「罰」の台頭に反比例するかのように平安時代の後半からしだいに減少する。平安後期を転機として、神は「祟り」を下す存在から「罰」を与えるそれへと、その基本的な性格を変化させていったことが推定されるのである。

ここで一つ疑問が生じる。罰という言葉は単に祟りを異なる表現で言い換えたにすぎないのか、それとも表現の変化の背後に、神そのものの機能に関わる何らかの変容があったのか、という問題である。この点に関して、罰という語の用例を拾っていくと、「賞罰」という形で、「罰」が「賞」とセットで出現する場合が数多く見られる。神は罰を下すだけの存在ではなく、場合によっては人々の行為を褒め称えることもありうると考えられたのである。

その際、神が賞罰を下す基準は、神自身とその守護する仏法に対する「信」「不信」であった。不信はしばしば「罪」という言葉で言い換えられている。正しい信仰こそが、神が人間に求めるものだった。

神はあらかじめ信心を要求し、人々の態度に応じて賞罰を下す。――神が人間にある超越的な力を行使する点では祟りと共通しているように見えるが、その構造はまったく異質である。

古代以前の神の祟りは、神からの一方的な頭ごなしの指示だった。ところが中世では、神はあらかじめ人がなすべき明確な基準を示し、それに厳格に対応する存在と捉えられるに至っていた。そこでは人間の側における行動の選択の自由と、神に対する主体的な働きかけが認められている。返祝詞に見られるものと同様、人と神との関係は応酬が可能なそれへと変化している。そうした人間と相互依存の関係にある神の姿は、「御成敗式目《ごせいばいしきもく》」第一条の「神は人の敬いによって威を増し、人は神の徳によって運を添う」という言葉にも見出すことができる。

不可測な意思をもった「非合理」な存在から、人間の一つ一つの行為に厳格な応報を下す「合理的」存在へ。私たちはここに、古代から中世への転換期に生じた神々の性格の根本的な変化を見て取ることができよう。第一章で論じた、賞罰の権限を行使して神領を支配する人格神のイメージは、こうした変容を経て成立するものだったのである。

聖徳太子と善光寺如来の文通

平安時代の後期に神々の性格の「合理化」ともいうべき現象が急速に進展するもっとも重要な要因は、本地垂迹説の定着に伴う神仏の同体化だったと考えられる。

——彼岸の仏たちは、此土の人間を救済することを究極の目的としていた。だが西方浄土の阿弥陀仏をはじめとするそれらの仏たちは、濁悪《じょくあく》の世に生きる衆生にとってはあまりにも縁遠いものであった。末法の悪人に、目に見えない別世界の仏を信ぜよといっても、それはとうてい不可能だった。

そこで仏は衆生救済のために仮の姿をとってこの世界に出現し、あらたかな霊験を行使することによって衆生に仏法との縁を結ばせようとした。それが日本の神々だったことはすでに述べた通りである。

しかし、当時垂迹とみなされていた存在は、実は神だけではなかった。中世の日本では堂舎に鎮座する仏像や特別な力をもつと信じられた聖人もまた、彼岸の仏の垂迹にほかならなかったのである。

古代や中世の文献を繙《ひもと》いていくと、現代人の感覚からすればとても信じ難いエピソードがまことしやかに語られている場面にたびたび遭遇する。そうしたエピソードの一つに、聖徳《しょうとく》太子《たいし》と信濃《しなの》の善光寺《ぜんこうじ》如来《にょらい》が手紙のやり取りをしたというものがある。

この書簡の往返のなかで、聖徳太子は善光寺如来を指して、愚かな衆生を導くためにこの世界に化現《けげん》した「仏滅後の師」であると称えている。善光寺如来もまた聖徳太子が、人々の救済にいそしむ「菩薩」であり「大導師」であると述べるのである。

中世では善光寺如来は、しばしば「生身の如来」とよばれた。生身とは遠い世界の仏がこの世に化現したものを意味する呼称であり、とりわけ生々しい存在感をもつと意識されたものにこの形容が好んで用いられた。他方、聖徳太子の本地が観音菩薩であることもさまざまな伝承として広く流布しており、中世ではほとんど常識に属することだった。聖徳太子も善光寺如来も、彼岸から現世に化現したという点においては等質の存在だったのである。仏像と聖人の文通という伝説が成立する前提には、こうした両者のイメージの共通性があったことを見逃してはならない。

さまざまな垂迹

当時の人々にとって堂舎に鎮座する仏像は、みな無仏の衆生を救済すべくこの世に化現した垂迹だった。他方、特別の力を有していると信じられた聖人もまた垂迹とみなされていた。聖徳太子だけでなく、伝教大師《でんぎょうだいし》も弘法《こうぼう》大師も、法然・親鸞もまた垂迹だった。これらの垂迹は賞罰の威力をもって衆生を仏法に結縁させ、最終的には彼岸へ導くことを使命としていたのである。

本地垂迹の理論は単に仏と神とを結びつけるものではない。人間が認知しえない彼岸世界の仏と、この現実世界に実在する神や仏との結合の論理だったのである。

本地垂迹説の思想的な淵源の一つに、天台教学の本迹の理論があることが指摘されている。智顗《ちぎ》を始祖とする中国天台では、『法華経《ほけきょう》』に説かれる「久遠実成《くおんじつじょう》の仏」とインドに生誕した歴史的実在としての釈迦《しやか》の関係を、本―迹の理論で説明する。宇宙の根源的な真理（久遠実成の仏）が、人々を救済すべく肉体を備えた釈迦としてこの世に化現したことを、本仏の垂迹という形で解釈しようとするのである。

この論理からも知られるように、本地―垂迹という発想自体が、本来、仏―神だけの関係に限定されるものではなかった。目に見えない彼岸の本仏が、衆生の認識できるような具体的な姿をとってこの世に出現することを意味していたのである。

今日、日本人が抱いている常識とは違って、中世では本地―垂迹の関係は必ずしも仏―神の区分と対応するものではなかった。むしろ、救済を使命とする彼岸の仏（本地）と、賞罰権を行使する此土の神・仏・聖人（垂迹）という分類が、当時の人々の実感に即した冥界の区分だったのである。

衆生を仏法に導く神

「非合理」から「合理的」へともいうべき神々の性格の変貌は、こうした冥界のコスモロジーの形成に伴って、その中に垂迹＝此土の神仏として組み込まれることによって生じたものと推測される。神の機能を形容する言葉として多用されるようになる「罰」という概念が、日本ではもともと仏に関わるものであったことがそれを裏づける。

垂迹の役割は衆生を真の信仰に目覚めさせ、仏法へと結縁させることによって究極の救いへと導くことにあった。垂迹―神はそれみずからが至高の存在ではなく、仏法を広めるためにこの世に派遣されたのである。したがってその威力も神の恣意《しい》によるものではなく、人々を覚醒させるために用いるべきものだった。神は人々の態度に応じて、ときにはその行為を嘉《よみ》し、ときには厳しい罰を下して、彼らを正しい方向に導こうとするのである。

ここに至って、もはや神は不可測の意思を場当たり的に押しつける祟り神ではありえなかった。神は仏像や聖人と同じく、本地の仏の使徒として、その聖なる使命を実現するためにのみその威力を行使することを許された存在となったのである。

3　本地垂迹説の歴史的意義

普遍的真理の顕現としての神

本地垂迹説の流布は、仏と神がタテの関係において接合されたことを示すと同時に、神々同士がヨコの関係においても結びつけられていくことを意味するものだった。

本地垂迹説はすでに述べたように、個々の神の背後に本地としての仏・菩薩の存在を想定するものであった。それらの本地の仏・菩薩も、究極的には全宇宙を包摂するただ一つの真理（法身仏《ほっしんぶつ》）に溶融してしまうものと考えられていた。そうした世界観に従えば、一見相互に無関係に見える個々の神々もみな唯一の究極的実在から派生したものであって、本質的には同一の存在ということになるであろう。

定まった身をもたない究極の法身仏は、さまざまな姿を現して衆生を利益《りやく》しようとされる。水を離れた波がありえないように、両者は異なるものではない。法身仏は、インドの上代の人々には仏・菩薩の姿で出現してこれを救済される。いまの我が国は辺地である上、粟粒《あわつぶ》のごとき小島である。

だれもものごとの道理をわきまえず、仏法を信じようとしない末法のこうしたかたくなで粗暴な衆生に対しては、法身仏はあえて慈悲の心でもって悪鬼邪神や毒蛇猛獣の身を示し、その連中を屈服させて仏道に入れさせようとなさるのである。だから他国に縁ある姿だけを重んじて、末法相応の形として出現された神を軽んじてはいけない。我が国は神国として神が垂迹されているのである（大意）。

神が尊崇される理由

これは無住《むじゆう》という僧が著した鎌倉時代の説話集、『沙石集《しやせきしゆう》』に出てくる言葉である。

この言葉に従えば、日本の神がしばしば恐ろしげな姿、狐・蛇といった動物の姿を示すのも、すべて仏の慈悲の心にもとづくものであった。それらの個々の神々は、究極的には宇宙に遍満する唯一の真理＝法身仏の顕現にほかならない。一切の神の背景には、共通の真理の世界が存在するのである。

このような理念は、「神々の下剋上」の風潮のなかで、ライバル意識をむき出しにして身勝手な自己主張を繰り返し、絶えずもめごとを引き起こしてばかりいる中世の神々の世界が、完全な無秩序の状態に陥ることを防ぐという重要な機能を果たすことになった。

鴨長明《かものちょうめい》の作とされる『発心集《ほっしんしゅう》』はその末尾の部分で、里の中、道のほとりなど大きな木が一、二本も見えるところはみな神のすみかであり、神は仏がわれら邪悪な人間どもを導くために垂迹されたのだから、どれも大切にしなければならないと述べている。また鎌倉時代の伝統仏教界を代表する学僧、貞慶《じょうけい》が起草した『興福寺奏状《こうふくじそうじょう》』は、最澄や円珍《えんちん》といった高僧が神を崇めた例を引きながら、神祇不拝を主張する専修念仏を批判して「権化の垂迹」を崇敬すべき必然性を力説している。

中世の人々にとって、神はみな仏の衆生救済の意思によってこの世に出現した存在だった。それゆえその名称や所在地や機能を超えて、無条件に尊崇されなければならなかったのである。

起請文の神仏

本地垂迹思想に代表される仏教的理念の果たした役割の一つが、いま述べたごとき、神同士を結び合わせる機能であったとすれば、いま一つのそれは、日本の神々が神仏世界全体の中で占めるべき位置を示す空間的な座標軸の機能だった。

次の史料を見ていただきたい。

敬白　請起請文事

右、元者、弁意　覚縁　賢長已上西金堂　忠賀　良盛已上東金堂　自今以後、離東西金堂衆、於一向法華堂衆不可兼業仕候、上件条若虚言申者、自上梵天・帝釈・四大天王奉始、三界所有神祇冥道、殊大仏八幡冥顕境界之罰、已上五人輩、各身八万四千毛穴可罷蒙状、所請如件、敬白、

承久四年正月十九日　（署判略）

これは興福寺東・西金堂《こんどう》衆を兼ねていた弁意《べんい》らが、東大寺《とうだいじ》の法華堂衆に専念することを誓った承久《じようきゆう》四年（一二二二）の起請文である。ここで注目したいのは、「自上梵天《ぼんてん》・帝釈《たいしやく》・四《し》大天王《だいてんのう》奉始」（上は梵天・帝釈・四大天王よりはじめ奉り）という言葉に始まる後半の「神文」の部分である。最初に登場する「梵天・帝釈・四大天王」は、「天部《てんぶ》」といわれる大陸から渡来した仏教守護の神々である。

神仏の序列

仏教的な世界像によれば、私たちの住むこの現実世界（娑婆《しゃば》世界）の中心には須弥山《しゅみせん》という高山がそびえ立ち、その上空から順に下に向かって梵天・帝釈天・四天王の住む世界があるとされた。ここではそうした重層的な諸天の序列の下に、「三界のあらゆる神祇冥道《じんぎみょうどう》、ことに大仏・八幡」という形で日本の神々や国内の仏像が位置づけられている。こうした序列はどの起請文を見ても同様である。例外は存在しない。

日本の神は聖なる存在といっても、この世界全体から見ればちっぽけな日本列島の、しかもそのごく一部を支配しているにすぎない。天上から娑婆世界全体を監視する梵天などの天部の諸尊に比べれば、その能力には明らかな差があった。——こうした当時の共通認識が、起請文の神々の序列の背後に存在したのである。

『北野天神縁起《きたのてんじんえんぎ》』では、恨みを呑んで死んだ菅原道真《すがわらのみちざね》の霊（天神）が宮廷に対して復讐を遂げようとするにあたって、自分はすでに梵天・帝釈の許可をえている、と述べている。日本の神と梵天・帝釈との間のはっきりとした実力差は、ここにも見てとることができる。日本の中世では、この現実世界の主宰者＝「娑婆世界の主」である梵天以下、帝釈天―四天王―日本の神祇と続く重層的な神々の序列が、時代のコスモロジーとして人々に共有されていたのである。

4　冥界のコスモロジー

道教の神

ここで留意すべきことは、中世のコスモロジーを構成していた冥衆《みようしゆ》は仏教の守護神と日本の神祇だけに留まらなかったことである。

次に挙げるものは、正安《しようあん》四年（一三〇二）に作成された「綾部《あやべ》時光《ときみつら》等起請文《きしようもん》」神文中の勧請《かんじよう》神のリストである。

梵王・帝釈・四大天王・炎魔法王・五道大神・泰山府君、日本第一熊野・金峯・王城鎮守諸大明神・御寺大仏・八幡菩薩

ここでも、梵天―帝釈天―四天王―日本の神祇という序列が前提となっていることはただちに理解できる。その際、神仏のリストの中に閻魔《えんま》・五道大神・泰山府君《たいざんふくん》など、道教と関わりの深い中国伝来の神々が登場していることは注目に値する。

閻魔はインドから仏教とともに中国に伝来した神であるが、道教に取り入れられてその主要な神の一つとなった。五道大神はその眷族《けんぞく》である。また泰山府君は中国の名山、東岳泰山《とうがくたいざん》

を神格化したものであり、人間の寿命を司《つかさど》る神とされる。
この起請文では、道教系の神々は起請文の筆頭に勧請される天部の諸尊の次位に座を占めている。その一方で、それらの神々は日本の神仏の前に登場している。この序列は中世のどの起請文をとっても例外ではない。

多彩な冥衆たち

私は先に、起請文の神仏の序列は須弥山を世界の中心と考える仏教的世界観にもとづいていることを指摘した。須弥山の上空にあって娑婆世界全体を俯瞰《ふかん》する梵天以下の天部の諸尊は、当然のことながら日本だけを守備範囲とする日本の神仏の上位に位置づけられることになった。そうした起請文の序列において、道教の神々が日本の神仏の前に登場していることは、それらが神格としては天照大神をはじめとする日本の神の上に位置することを意味している、と推定される。

その背景には、閻魔王や五道大神・泰山府君をはじめとする神々が、日本の神仏よりもこの娑婆世界の広汎な地域をカバーしているという観念があったことが考えられる。中国においても日本においても、死者は同じ閻魔王などの神によって裁かれたのである。

これ以外にも、起請文には御霊《ごりょう》や疫病神《やくびょうがみ》といった、神―仏の範疇《はんちゅう》に収まりきらない神格がたびたび登場する。仏教的世界観は仏と神祇だけでなく、当時実在すると信じられていたほとんどすべての主要な冥衆を、空間的に位置づけていく座標軸としての役割を果たしていたのである。

座標軸としての仏教的世界像

私は第一章で、神宮と天照大神を頂点とする古代的な神々の秩序が諸神の上昇志向によって崩壊し、中世に入ると神祇の世界に戦国的状況が到来することを述べた。仏教的理念はそうした神々の身勝手な自己主張が錯綜《さくそう》する情勢のなかで、神々の融和を促す新たな論理と座標軸を提供するものであった。古代的な拘束から解き放たれた日本の神々は、本地垂迹説によって改めて相互に結び合わされると同時に、人間界・冥界双方を貫く壮大な仏教のコスモロジーの中に、いま述べたような形で座を占めることになったのである。

中世の神々は、もはや仏教から隔離された純粋な神祇世界そのものの内には、相互の結合と自己の位置を確認するための論理を見出すことはできなかった。国家の後ろ盾を失った天照大神は、あらゆる神々を統合する権威を失っていた。仏教的理念が社会に共有される中世では、日本の神々は出自を異にする他の冥衆とともに仏教的世界観の中に完全に身を沈めてはじめて、みずからのいるべき安定した地位を占めることが可能になったのである。

国家権力による強制を背景とした古代的な神祇界の序列とは異なり、仏教理念を背景とする中世の神々の秩序はあくまでも観念的な次元にとどまるものであった。だが「神々の下剋上」の状況のなかで、こうした理念が社会に定着し共有されていたことは軽視できない。それは二十二社制度と同様に、古代的な序列を打ち破って自立を遂げつつあった神々が、際限なき分裂や対立へと向かい、ついには神々の世界を混乱と無秩序が支配することを阻止する機能を担うことになった。

天照大神を頂点とする強固で固定的な上下の序列が古代的な神々の世界であるとすれば、中世的なそれは横一線に並んでしのぎを削る有力神が、仏教的な世界観に組み入れられ、その理念を紐帯《ちゆうたい》としてゆるやかに結び合わされたものだったのである。

私たちはこれまで二章にわたって、古代から中世に至る神々の変貌と、神をめぐる制度と理念の変動を概観した。こうした分析を踏まえ、次章ではいよいよ「神国」の観念そのものの分析に取りかかることにしよう。

第三章　神国思想の成立と変容

『日本書紀《にほんしょき》』にはじめて姿を現す神国の観念は、神国内部から仏教などの外来の要素を極力排除し、神祇《じんぎ》の世界の純粋性を確保しようという指向性を有していた。これに対し院政期ごろから、神の国と仏の国との矛盾なき共存を認めるまったく異なるタイプの神国の観念が浮上する。仏教の土着化と本地《ほんじ》垂迹説《すいじゃく》の普及を背景とし、神仏が穏やかに調和する中世的な神国思想の出現である。

1　古代における「神国」の観念

神国意識の始原

日本を「神国」とみなす理念は、歴史的にはどこまで遡《さかのぼ》ることができるのであろうか。奈良時代のはじめに完成する日本最初の正史（国家による正規の歴史書）である『日本書紀』には、すでにその観念を見出すことが可能である。以下に紹介するのは、そのなかの

「神功皇后紀《じんぐうこうごうき》」の一節である。

新羅《しらぎ》征討で有名な神功皇后は軍団を率い、神々の教えるままに纜《ともづな》を解いて新羅に向かって出帆した。天神地祇《てんじんちぎ》の守護を受けて、船は順調に航海を続け、無事に目的地に到達することができた。

この大船団を目の当たりにした新羅の王は、「東方に「神国」があると耳にしたことがある。日本という名称であるという。またそこには聖王がいて、天皇とよばれている。これはその日本の「神兵」にちがいない。到底太刀打ちできるものではない」といって、白旗を掲げて降伏した。

ここでは新羅王の口を借りる形をとって、「日本」が明確に「神国」であると規定されている。この前後の文脈において、神功皇后とその軍団が神々の庇護《ひご》のもとにあることが執拗《しつよう》に強調されている点からみて、神の守護こそが日本の神国たるゆえんであったと考えられていたのである。

同じ『日本書紀』から、もう一つ例を挙げよう。欽明《きんめい》天皇一三年（六世紀半ば）の事件として記された、仏教を受け入れるか否かについてのよく知られた論争である。朝廷では、百済《くだら》の聖明王《せいめいおう》から贈られた釈迦《しゃか》像を礼拝すべきかどうかをめぐって激しい議論となった。反対派の急先鋒《きゅうせんぽう》である物部《もののべ》・中臣《なかとみ》の両氏は、「天皇が王たりうるのは、天地の神々を四季折々に祀っているからである。いまそれを改めて「蕃神《ばんしん》」(異国の神)を拝めば、国神《くにつかみ》が怒りをなすに違いない」と強く主張した。

この議論では神国という言葉こそ使っていないものの、日本を固有の神が守る聖なる国土と捉える点では、神功皇后紀の主張と一致している。『日本書紀』を編纂する段階でその編纂者の間には、すでに日本を神の国とみなす意識が存在したのである。

神国意識の背景

第一章で触れたように、七世紀の後半からこの列島では、天皇を中心とする強力な統一王権が形成されつつあった。その天皇の権威を支える役割を担ったものが皇祖神である天照大《あまてらすおお》神《みかみ》であり、『古事記《こじき》』や『日本書紀』には天照大神を柱として再編成された神々の世界が描き出されていた。したがって、そこに天皇と国土の守護者としての神の観念が濃厚にみられるのは、ある意味では当然のことだった。

そうした成立の由来からもうかがわれるように、はじめてこの列島上に出現する日本＝神国の理念は、神々に対する素朴な崇敬の延長線上に自然発生するようなものではなかった。新たな統一王権形成と神々の再編成を背景として、それに対応すべく生み出された、当初からきわめてイデオロギー的色彩が濃厚なものだったのである。

『日本書紀』の神国思想の背景としてもう一つ見落としてならないのは、その成立に対外関係が濃い影を落としていたことだった。

数世紀にわたって新羅・百済・高句麗《こうくり》の三国が覇権を競っていた朝鮮半島では、唐と結んだ新羅が台頭し、六六〇年には両国の連合軍の攻撃を受けて百済の王都が陥落した。天智《てんじ》天皇は百済からの要請によって朝鮮半島に出兵したが、六六三年、白村江《はくすきのえ》の戦いで唐・新羅連合軍に大敗し、百済再興の夢は断たれた。この後、高句麗もまた唐によって滅ぼされ、朝鮮半島では新羅と唐との対立があらわになっていくのである。

こうした国際情勢のなかで、六七三年に即位した天武《てんむ》天皇にとって、唐と新羅の軍事力にいかに対抗するかという問題はきわめて切実な政治課題となった。とくに唐の勢力を半島から駆逐して統一を成し遂げた新羅は、日本にとって深刻な脅威とみなされた。『日本書紀』の新羅征討のエピソードも、そこに登場する「神国」の理念も、新たに朝鮮半島の覇者となった新羅を強く意識して、それに対抗するために創作されたという性格が強いものと考えられるのである。

新羅の来攻と神国意識

日本を神の国とする意識は、八世紀はじめの『日本書紀』の段階ではまだそれほど表面に出ることはなかった。歴史上において、「神国」の語がはじめてあるまとまりをもって出現するのは、九世紀後半の清和《せいわ》天皇の時代を待たなければならなかった。

貞観《じょうがん》一一年（八六九）、新羅のものと思われる船二艘が筑前《ちくぜん》（福岡県）に来航して、略奪を行うという事件があった。それに加えて、この年には各地で地震や風水害が相次ぎ、世は騒然とした状況を呈していた。危機感を抱いた朝廷は軍事面での対応策を講じる一方、神仏の助力をえるべく、諸国の寺院に対して仏教経典の転読《てんどく》（法会《ほうえ》で行われる独特の経典の読み方）を命じた。また諸国の神々に奉幣《ほうへい》を行うとともに、伊勢《いせ》や石清水《いわしみず》・宇佐《うさ》などの有力神社に告文《こうもん》（神に捧げる文）を奉って国土の安穏を祈願した。これらの告文のなかに、「神明《しんめい》の国」「神国」という語句が散見する。この時期、新羅との関係を意識するなかで、はじめて自覚的に「神国」の自己規定が用いられるようになるのである。

一連の告文の最初となる、貞観一一年一二月一四日付の伊勢神宮へのそれをみてみよう。この告文は当時頻発する災害に触れた後、おおよそ以下のように述べている。


新羅と日本とは長い間にわたって敵対してきた。聞くところによれば、その新羅がこのたびわが国内に侵入して、調物《みつぎもの》を奪い取るという事件があったという。わが朝は久しく戦争を経験していないために警備を怠っていたが、兵乱はまことに慎み恐るべきことである。

わが日本はいわゆる神明の国である。神明が守護している限り、いかなる賊も近づくことはできない。まして畏れ多くも天照皇大神がわが朝の大祖として君臨されている上は、どうして他国の異類の加える侵犯を黙視することがあろうか。（中略）

皇大神よ、どうかわれらが願いを聞き届け、寇賊《こうぞく》が来襲しようとする場合は、皇大神が国内の諸神を指揮してそれを未然に防いでほしい。また賊の計画が進んで、兵船が到達しそうになったときは、国内に侵入する前に吹き返して海に沈めていただきたい。そしてわが国が「神国」として畏敬されてきた故実を、改めて世に示していただきたい。

これ以外にも、「国家」の大禍、「百姓」の深き憂いをもたらすあらゆる災難を未然に防いで、国内の平安を成就し、昼夜を分かたず「皇御孫《すめみま》（天皇）の御体」を永遠にお守りくださるよう祈念申し上げる……。

神々が護るもの

ここでは神功皇后の新羅遠征以来、日本が「神国」と呼び慣わされてきた伝統が述べられ、外寇を防ぐために「神明の国」としての神々の加護が求められている。その際に日本を守るべき神とは、文中に明確に述べられているように、天照大神に率いられた国内のあらゆる神々だった。

これとほぼ同じ内容の告文が同月二九日付で石清水に、翌年には宇佐・香椎《かしい》・宗像《むなかた》各社に捧げられている。これらの神々が神国日本を代表して、他の諸神をリードしながら「国家」

を護持する役割を担っていると考えられていたのである。

そのなかでも告文の奉献された順序や修辞の使い方から見て、神々の間には、筆頭に伊勢、次いで石清水、そして宇佐以下の諸社という序列があったことがうかがえる。これら一連の告文には、天照大神の指揮のもと、石清水をはじめとする有力神がそれを補佐しながら、国中の諸神を率いて「神国」に敵対する勢力を撃退するという構図が示されているのである。

なお、ここでいう神々が鎮護すべき「国家」が、現代的な意味でのそれとはまったく異なるものだった点は留意する必要がある。それは抽象的な意味での国土一般を指すものでも、そこに住む人々を内容とするものでもなかった。日本古代において、「国家」という言葉は通常天皇個人の身体を意味した。国家概念がより広く国土と人民（百姓）を包摂する場合もあったが、それは国土の混乱と人民の困窮が天皇の支配の動揺をもたらす危険性があるからであり、人民の安穏が「護国」の中心的な意味内容をなすことはなかった。これらの告文でも神々が守るべき対象は、究極的には「皇御孫の御体」という言葉に示される、神孫としての天皇一人に収斂《しゅうれん》するものだったのである。

奈良時代から平安時代の貞観年間に至る「日本＝神国」の観念は、天照大神の指揮のもと、有力な神々が一定の序列を保ちながら天皇とその支配下の国土・人民を守護するという点において、共通する内容をもっていた。以下、これを「古代的」な神国思想とよぶことにしよう。

神仏分離の伝統

以上の点に加えて、この時期の神国思想の特色をもう一つ指摘しておきたい。それは「神国」の概念に仏教的要素がまったく含まれていない点である。

六世紀に日本へ仏教が伝来して以来、伝統的な日本の神々を外来の仏・菩薩《ぼさつ》とどのように関係づけるかという問題は、支配層や知識人にとって避けることのできない課題となった。その問いに対する回答としてまず生まれてきたものが、神を仏によって救われるべき煩悩具《ぼんのうぐ》足《そく》の衆生《しゅじょう》と位置づける説と、神を仏法の守護者とみる護法善神《ごほうぜんじん》説であった。それがやがて本地垂迹説に発展していくことは、第二章で述べた通りである。

先に掲げた告文でも、八幡神《はちまんじん》は「大菩薩」とよばれている。八幡神は、仏教でいう菩薩（仏に次ぐ理想の人格）に匹敵する存在と信じられていたのである。また神の国土守護のパワーを増進するために神前で経文を読むことも、あたりまえのことと考えられるようになっていた。

だがその一方で、古代では公的な場での神と仏との峻別（神仏隔離）はかなり徹底していた。それは、むしろ平安時代に入って自覚化され、制度化されていくものだった。平安時代に編纂された法典や儀式書では、月次祭《つきなみのまつり》・新嘗祭《にいなめさい》といった天皇に関わる宮中祭祀が実施される場合、内裏《だいり》への僧侶の参入が禁止されている。天皇が軽々しく仏像に接することは基本的にタブーだったのであり、まして神事が行われる場合には強い禁制が加えられていた。当時の支配階層は、仏教の社会的・思想的影響力が増していくなかで、天皇に関わる神事についてだけは神々の世界の純粋性を守ろうとしたのである。

宮中の建物についても、公式行事の場である大極殿《だいごくでん》が丹塗《にぬり》の柱と瓦葺《かわらぶ》きの屋根をもって基壇上にそびえていたのに対し、天皇が日常生活を送る清涼殿《せいりょうでん》は白木の柱と檜皮葺《ひわだぶ》きであった。天皇の身辺からは、なるべく外来の要素を排除しようという意識が存在したと推定されるのである。

仏教的要素の排除

神事と仏事の分離という基本原則は、古代の「神国」の概念にストレートに反映することになった。

次に掲げるものは、神宮関係の記録を集めた『太神宮諸雑事記《だいじんぐうしょぞうじき》』中の記述である。

用明《ようめい》天皇の即位二年（五八七）に、聖徳太子と物部守屋《もりや》が合戦を行った。その原因は、仏法を日本に広めようとした聖徳太子《しょうとくたいし》に対して、わが朝が「神国」であることを理由に「仏法」の停止を企てた守屋が、太子を殺害しようとしたことにあった。

ときに聖徳太子は一六歳であった。

すでに述べたように、『日本書紀』欽明紀の仏教崇排論争における排仏派の主張の根拠は、「天皇が王たりうるのは、天地の神々を四季折々に祀っているからである」というものだった。『太神宮諸雑事記』にみえる仏教排撃の論理が、そうした立場を継承するものであることは疑問の余地がない。日本の神と外来の仏とは本来異質な存在であり、この主張のようにはっきり敵対するかどうかは別としても、少なくとも両者は分離されるべきであるとする観念が、古代的な神国論のいま一つの骨格を構成していたのである。

この点を、もう少し詳しく説明しておきたい。藤原行成《ふじわらのゆきなり》の日記『権記《ごんき》』の長保《ちょうほう》二年（一〇〇〇）正月二八日の記事である。そのなかで行成は、中宮《ちゅうぐう》以下の関係者がみな出家してしまったために神事を務めるものがいないことを嘆いて、「わが朝は神国である。神事を優先する」と記している。仏事と神事を峻別した上、神国の内容をなすものは神事の方とする発想を見て取れる。

宇多《うだ》天皇は、毎朝伊勢をはじめとする四方の神々を拝する「四方拝《しほうはい》」を始めたことで知られている。宇多天皇はその理由として日記に、「わが国は神国である。よって毎朝四方の大中小の天神地祇を敬拝《きょうはい》することにした」（八八八年）という言葉を載せている。また、豊受《とようけ》宮（伊勢外宮《げくう》）が倒壊してしまった事件に触れた、藤原資房《すけふさ》の日記『春記《しゅんき》』には、「この国は神国であるために、もとより警戒を厳重にすることがない。ただ、かの神助を頼むばかりである」（一〇四〇年）という記述がある。

これらの言葉にも、神国の内実を伊勢中心の日本の神々だけに限定しようとする、古代的な発想を読み取ることが可能であろう。

2　中世的「神国」への転換

神国思想の広がり

私たちは、天照大神を頂点とする神々の秩序を前提とし、神国の範疇から仏教的要素を極力排除しようとするものが、この列島上に展開する最初の神国の観念であることを見てきた。この古代的な神国観念は、以後現代まで変わることなく継承されるのであろうか。あるいはなんらかの変容を見せるのであろうか。

この問題を考えようとするときまず注目されるのは、院政期ごろから日本を神国とする表現が急速に増加し始めることである。しかもそれは、以前のように正史や天皇・貴族の日記といった支配者側の記録にとどまらず、多種多様な媒体に頻繁に姿を現すようになるのである。

たとえば、鎌倉時代の説話集である『古今著聞集《ここんちよもんじゆう》』は、「およそわが朝は神国として、大小の神祇、部類《ぶるい》・眷族《けんぞく》、権化《ごんげ》の道、感応あまねく通ずるものがある」と記している。同じく鎌倉期に仏教説話を集めて成立した『私聚百因縁集《しじゆひやくいんねんしゆう》』は、「日本国は神国であり神の利生《りしよう》はあらたかである。幾百柱の神々がいらっしゃるかもわからない」と述べている。また東国を中心に流布した神々の伝説を集成した『神道集《しんとうしゆう》』には、「わが朝はもとより神国なので、百八十柱の神をはじめとして、一万三千七百所等の神はみなご利益《りやく》めでたくましまず」という言葉が見える。たくさんの神々が国土のいたる所に存在し、日々あらたかな霊験を示していることが、日本の神国たるゆえんだったのである。

神国を構成するこれら多数の神々は、国家を守護する（鎮護国家）という共通の使命を負った存在と考えられていた。

建仁《けんにん》二年（一二〇二）に、大津《おおつ》の日吉神人《ひえじにん》が地頭《じとう》の横暴を本社《ほんしや》に訴えた解状《げじよう》は、どの神社も鎮護国家を標榜《ひようぼう》する点では一致しており、神が国を守るゆえに日本は「神国」とされるのだ、と論じている。『八幡愚童訓《はちまんぐどうきん》』は、「三千余座の神祇」が護るこの神国をいったいだれが傾けることができようか、と記している。

こうした主張は、たくさんの神々が国家守護という役割を担って共存していることを説く点において、一見、前代の神国観念をそのまま受け継ぐものであるかのように見える。しかし、ひとたび神国を構成する個々の神の観念と、「鎮護国家」の意味内容そのものに目を向けたとき、それはもはやかつての神国思想と同じではなかった。

「神領」と「神国」

まず前者――個々の神の観念――について見ていこう。院政期以降の神国意識を支える神々は、第一章で論じた通り、律令制のもとでの固定的な序列を打ち破って自立と上昇を遂げた存在だった。また相互にライバル意識を燃やし、隙あらば神祇界の頂点に立とうとする、すぐれて人格的な存在だった。そうした中世の神々は、それぞれが世俗の領主のように、特定の領域を支配していると観念されていたのである。

寿永《じゅえい》三年（一一八四）二月、木曾義仲《きそよしなか》を破って畿内《きない》を支配下に収めた源頼朝《みなもとのよりとも》は、後白河《ごしらかわ》法皇に対して四ヵ条からなる政治方針の実施を申し入れた。「諸社《しょしゃ》の事」と題されたその第三条には、「わが朝は神国である。往古の神領《しんりょう》に相違があってはならない。その上、このたびそれぞれに神領が新たに加増されるべきである」という言葉が見られる。

ここに「神国」と「神領」という二つの概念が登場することに注目していただきたい。「神国」が国土全体に関わる観念であったのに対し、神国を構成する個々の神が占拠する土地（社領荘園）は「神領」とされている。その神領の増加が指示されていることからもわかるように、神領は「神のうしはける地」といった漠然とした概念ではなく、付加や削減が可能な、具体的な数値で表示できる特定領域を指すものだった。神国は、神々が占有する無数の神領からなるものと観念されていたのである。

以上、私は院政期以降の神国思想に目を向けたとき、神国を構成する神々の観念が、それ以前のものに比べて大きく変化していることを論じた。その結果、神国の観念もまた、古代のそれとは異質なものに変容した。古代の神国が天照大神以下の神々によって守護された、天皇の君臨する単一の空間であったのに対し、中世では神国は、個々の神の支配する神領の集合体として把握されることになったのである。

他方、それらの神々が共通課題としていた「鎮護国家」の方はどうであろうか。古代では神々に守護さるべき「国家」とは、その唯一の代表者である天皇にほかならなかった。「国家」を鎮護することは、イコール天皇を守ることだった。ところが中世になると、かつて一体のものと捉えられていた「国家」と天皇が分離するという現象が、広範に見られるようになる。その結果、古代と中世では神仏が守るべき「国家」の意味が、大きく転換することになるのである。

これはきわめて重要な問題であるため、天皇の問題と関係づけながら、章を改めて論じることにしたい（第五章）。

垂迹する神

いま私は古代的な神国思想に対する中世的なそれの特色が、神国を構成する神の観念に関わるものであることを指摘した。それに加えて、もう一つの特色を挙げるとすれば、それは神を仏・菩薩の垂迹と見る本地垂迹思想がその背後に存在したことだった。

蒙古《もうこ》襲来の危機感が高まる鎌倉後期に精力的に異国降伏の祈禱を行い、神国思想を鼓吹した人物に、東巌慧安《とうがんえあん》という禅僧がいる。慧安は蒙古の来襲にあたって、「末の世の末まで我が国は万《よろず》の国にすぐれたる国」（「宏覚禅師祈願開白文《こうかくぜんじきがんかいびやくもん》」）という日本を称える歌を詠んだことで知られている。その慧安は日本が「神国」であることを強調する願文《がんもん》のなかで、次のように述べる。

いま日本国は正しい仏法をもって国を治めるようになって以来、天神地祇とその部類・眷族が国界に充満しており、草木《そうもく》・土地・山川《さんせん》・叢沢《そうたく》すべてにわたって垂迹和光《すいじゃくわこう》の地でないところはない。おのおのがその威力を示し、それぞれがりっぱなお姿をあらわにされている。

ここでは、日本の国土に存在するありとあらゆる神々が「垂迹和光」（仏の垂迹）であると明言されている。本地垂迹説が社会の通念と化した中世にあっては、神国日本を構成する神々も当然のことながら仏の化現した姿として捉えられることになった。それは「愛国者」として有名な慧安についても例外ではなかったのである。

神国の背景としての本地垂迹

日本＝神国の主張と神々の垂迹を関連づけた記述は、中世の文献のいたるところに見出すことができる。

貞応《じょうおう》三年（一二二四）、延暦寺《えんりやくじ》の僧徒が法然《ほうねん》流の専修念仏《せんじゅねんぶつ》の禁止を求めて朝廷に提出した要求書（「延暦寺大衆解《だいしゅげ》」）には、「わが朝は神国である。神道を敬うことを、国の務めとしている。慎んで百神の本源を尋ねてみるに、諸仏の垂迹でないものは一つもない」という言葉が見える。蒙古襲来の前後に成立する説話集『沙石集《しゃせきしゅう》』には、「わが朝には神国として大権《だいごん》（仏・菩薩の変化）が跡を垂れておられる」という記述がある。

こうした見方は神道側においても受け容れられていた。山王《さんのう》神道の教理書である『耀天《ようてん》記《き》』は、次のように説いている。

日本はもとより神国として、国々里々には鎮守の明神がいがきを並べ、鳥居を顕《あらわ》していらっしゃいます。その数は、延喜式《えんぎしき》には三千百二十二所と定められていますが、一万三千七百余社という説もあります。いずれにせよ確かな数はわかりませんが、神々の本地はみな過去世の如来や菩薩なのです。

これらの記述では、すべて本地垂迹説と絡めた形で日本＝神国の主張がなされている。こうした論理は、中世では他にいくらでも見出すことが可能である。本地垂迹思想は中世では深く社会の隅々まで浸透していた。神国を構成する日本の神々はすべて仏の垂迹であり、その意味において神仏は本質的に同一の存在だった。

彼岸と此岸の二重構造的な世界観を前提とした上、遠い他界の仏が神として垂迹しているから神国なのだ、という論理こそが中世の神国思想の特色だったのである。

重なり合う神国と仏国

ここにおいて、「神国」と「仏国」も、もはやかつてのように相互に排斥しあう関係でなくなったことは明らかであろう。

安居《あぐい》院流の唱導集『転法輪抄《てんぽうりんしょう》』は、「わが国は神国である。神を崇めるをもって朝務（朝廷の政務）となす。わが国はまた仏地である。仏を敬うをもって国政となす」と述べている。日蓮《にちれん》の孫弟子日目《にちもく》が元弘《げんこう》三年（一三三三）に著した申状《もうしじょう》には、「我が朝は神州《しんしゅう》である。神は非礼を受けない。三界はみな仏国である。仏は謗法《ほうぼう》を誡《いまし》める」という言葉が見える。伏《ふし》見《み》天皇の正応《しょうおう》六年（一二九三）の祭文《さいもん》は、「わが国は神国としての盟がある。この界は仏界と縁がある」と記している。このように「仏国」（仏界）と「神国」（神州）を対《つい》にして用いる表現は、中世の史料に頻繁に現れるものだった。

室町時代の禅僧瑞渓周鳳《ずいけいしゅうほう》はその著『善隣国宝記《ぜんりんこくほうき》』で、「日本は神国なのに、なぜ仏教者の往来を記すのか」という自問に答えて、「まだ神国が同時に仏国であるゆえんを知らないからそんな疑問をもつのだ。この国の諸神はみな垂迹である。その根源は三世《さんぜ》(過去・現在・未来)の諸仏であり、十地《じゆうじ》(さまざまな修行段階)の大菩薩である。〔中略〕神も仏に帰依するのであり、それを仏国とよばずして何といおうか」と述べている。

中世社会にあっては、個々の神や仏像＝垂迹が支配する神領・仏土《ぶつど》のレベルでは、境界画定などをめぐって相互に対立が生じることは日常的な現象だった。しかし、全国土のレベルとなると、神国と仏国はなんら矛盾なく共存できた。神国の内実から極力仏教的要素を除去しようとした古代の場合とは異なり、中世では神国は同時に仏国にほかならなかったのである。

中世における「神国」は、このように仏・菩薩の垂迹である神々の支配する個別具体的領域(神領)の加算的集合からなるものであった。当時の社会通念では、日本各地に鎮座する仏像もまた、神とまったく同様他界の仏・菩薩の垂迹とみなされていた。したがって、神国は各寺院の本尊が支配する仏土をもその内部に包摂することが可能な概念だった。

中世的神国観の特色

私は先に古代から中世に至る神々の変貌を、天照大神を頂点とする神々の秩序の解体と諸神の自立、および神々の仏教的世界観への包摂という二点において捉えた。そうした変容が神国の観念にもそのまま投影されていることが理解されよう。

それぞれの領地（神領）を排他的に支配する神は、祈願に応じて人々に利益を与えると同時に、そこに干渉や侵犯をなすものに厳罰を下す人格神と捉えられていた。そのため相互の権益の対立や寺社領の帰属をめぐって、個々の仏神間に鋭い緊張関係が生じることもあった。神々同士が争う場面も珍しいことではなかった。

しかし、神々の総体によって構成される神国に言及する段になると、もはや神は党派的な利害にもとづいて振る舞うような存在とはみなされなかった。神はみな、国家の鎮護という一点において、同じ役割を担っていた。そして、それらの神々を結びつける論理は神祇の世界の内部にあるのではなく、共通の背景をなしていた仏教的世界観がその機能を提供していたのである。

3　神国日本の境界

「日本」の領域の自覚化

私たちはここまで、日本を神国と見る観念が、古代から中世に向けて変容しながら成熟していく様を辿《たど》った。その際、一つ確認しておかなければならないことは、当時の人々が神国日本の範囲をどのようなものとして捉えていたかという点である。

最初に「神国」という言葉が登場する『日本書紀』では、神国日本と対峙《たいじ》する存在は朝鮮半島の新羅だった。また、神国の語がはじめてまとまって出現する貞観年間のケースについても、やはり意識されていたのは新羅だった。いずれの場合も新羅という他者を鏡とすることによって、天皇が君臨し神々が守護する一つのまとまりをもった国家領域「日本」が措定されている。

この列島上では七世紀の末から、律令制度の導入にともなって国郡制が敷かれ、国土の分節化が進行した。天皇によって統治されるそれらの国郡の総体が、神国の領域を形作っていると観念されていたのである。

律令国家の形成によって神国理念を支える具体的な領域が画定したにもかかわらず、奈良時代までの段階では、日本と外部とを隔てる境界についてはまだ明確なイメージが固まることはなかった。村井章介《むらいしようすけ》氏は日本における王土《おうど》思想の展開を検討するなかで、国家領域が閉じた空間であり、東西南北四方の境界地名＝「四至《しし》」によって記述されるとする観念は、九世紀になってはじめて誕生するものであることを指摘する。そして、その閉じた空間としての国家の観念をはじめて定式化したものが、『貞観儀式《じようがんぎしき》』所収の追儺祭文《ついなさいもん》の言葉であるとする。

その祭文中には、国内の所々村々に隠れ棲む「穢《きたな》く悪《あし》き疫鬼《えきき》」について、「四方の堺である東方は陸奥《むつ》・西方は遠値嘉《とおちか》（五島列島）・南方土佐《とさ》・北方佐渡《さど》よりも遠方を」その住み処《か》と定めて、そこに追いやるべきことが記されている。ここには疫鬼を追放して清浄を保つべき空間として、四方の境界によって区切られた明確な国家領域の観念を見出すことができる。この神聖たるべき領域こそが、古代人が想定した神国の範疇にほかならなかったのである。

外が浜と鬼界が島

平安中期に確定する「日本」の境界のイメージは、以後、若干の修正を被りながらも中世まで継承されることになった。

その変更点は、まず東方についていえば、境界の地が「陸奥」から「外《そと》が浜《はま》」へと移行したことである。

陸奥国は古代には、東北地方の太平洋側の地域を指す呼称だった。ただし九～一〇世紀の段階では、陸奥の領域は青森県まで達することはなかった。もっとも広く見ても、せいぜい奥六郡が設置された岩手県中南部（盛岡盆地の北辺まで）がその範囲に入る程度であった。それに対し、外が浜は対岸に「夷島《えぞがしま》」（北海道）を望む、現在の青森県の陸奥湾の海岸線を意味するものと考えられている。古代から中世への転換の過程で、東の国境線は本州の最北端まで北上するに至ったのである。

他方、西方についていえば、北の外が浜と対になって用いられる境界が「鬼界《きかい》が島《しま》」であった。鬼界が島は、異説はあるものの、一般的には鹿児島県の南方に浮かぶ硫黄島《いおう》がそれにあたるとされる。いわゆる「鹿《しし》ヶ谷《たに》の陰謀」で平家方に捕らえられた俊寛《しゅんかん》・平康頼《たいらのやすより》・藤原成経《ふじわらのなりつね》の三名が配流《はいる》された地として知られている。

外が浜・鬼界が島によって代表される中世日本の境界の観念は、古代と比較すればかなり具体的にはなったものの、明確な一本の線によって明示される近・現代の国境とはまだ大きな隔たりがあった。まず、それは「線」というよりは、流動的で一定の幅をもつ「面」としてイメージされていた。東の境界として、外が浜だけでなく「夷島」を含める史料も見受けられる。本州最北の陸奥湾から北海道にかけての帯状の地域が、「日本」からそれ以外の地へと移行する境界領域とみなされていたのである。

今日の国境と中世の境界を区別するもう一つの特色は、前者が純然たる政治的・世俗的観点から設定されたものであるのに対し、後者は濃厚な宗教的色彩を帯びていたことである。国王の統治する国家が同時に神国という聖なる存在であると観念されていた中世では（古代でも）、国家の領域は必然的に宗教的意味合いを帯びることになった。

『貞観儀式』では、境界の彼方が疫鬼追放の地とされていたことはすでに触れた。『吾妻《あずま》鏡《かがみ》』には、淡路の国に出現した九本足の馬を、外が浜まで引いていって放すように命じたという記事が見える。同じ『吾妻鏡』には、津軽《つがる》の浜辺に死人のような形をした奇怪な大魚が打ち上げられたというニュースも記されている。

境界の地は世俗的な意味での国境であると同時に、邪悪で不吉な存在が追放される地だった。そこはまた牛のように色黒で体毛が濃く、言葉を解さない人々（『平家物語《へいけものがたり》』）が住み、邪霊が跋扈《ばっこ》してさまざまな怪異現象が生起する、異界との接点としてイメージされていたのである。

龍の護る島

神奈川県立金沢文庫には、隣接する称名寺《しょうみょうじ》から寄託された多数の文化財が保管されている。その称名寺古文書のなかに、行基図《ぎょうきず》とよばれるタイプの一枚の〈日本図〉がある。これは日本の西半分を、鱗《うろこ》をもったなにかの胴体と思《おぼ》しきものが取り巻いている図である。東日本を含む左半分が失われているために、今日この図の全容と胴体の動物の正体を知ることはできない。

黒田日出男《くろだひでお》氏は他の現存する行基図から、日本の国土を取り巻く巨大な動物が龍であると推定する。また同じ図上には、龍の胴体の外側に蒙古・新羅・唐土《とうど》といった国々が書き込まれており、これはそれらの国々の侵略に対し、龍に変身した日本の神々が国土を守護している姿を示すものであるとする。黒田氏によれば、この図は蒙古襲来の危機に直面していた時期に、神々に護られた聖なる日本をイメージして作成されたものだった。

黒田氏も指摘されていることだが、中世にはこれ以外にもさまざまなタイプの〈日本図〉

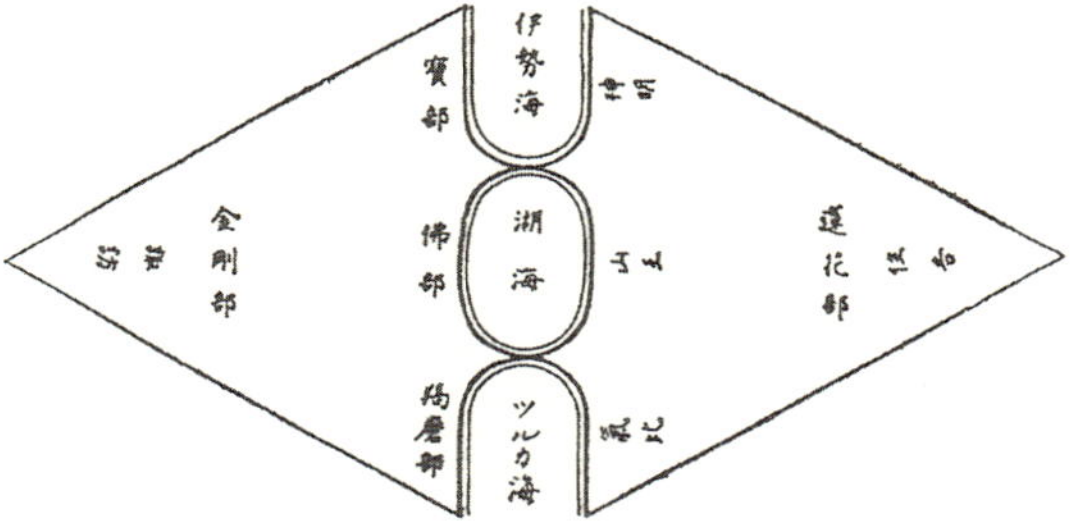

独鈷形の日本図（『渓嵐拾葉集』）

が描かれたことが知られている。一四世紀に光宗《こうしゅう》という僧が著した『渓嵐拾葉集《けいらんしゅうようしゅう》』という百科全書的な著作には、「日本国は独鈷《どっこ》の形をしていること」という一節があり、独鈷（金剛杵《こんごうしょ》）の形をした日本図そのものも掲載されている。ここでいう独鈷とは古代インドの武器であり、密教に取り入れられて破邪の法具化したものである。

この図では中央部分に、「伊勢海」（伊勢湾）・「湖海」（琵琶湖）・「ツルガ海」（敦賀湾）が上下に並び、それぞれに対応する形で神明（伊勢神宮）・山王社・気比《けひ》神社が書き込まれている。また日本の東西の境界ともいうべき左右の突端には住吉《すみよし》と諏訪《すわ》がいて、境界を守護していることが示される。ここでは、独鈷にもたとえられるべき聖なる日本の国土に伊勢や山王・気比に代表される数多くの神祇が鎮座し、日々守護していることが暗示されているのである。

私は先に中世の神国は、仏の垂迹である多数の神々が国土に化現してみずから土地（神領）を支配しつつ、ゆるやかに協調しながら国家を守護しているというイメージで把握されていたことを指摘した。仏教で用いられる金剛杵と神々の世界が一枚の紙の上に共存する行基式〈日本図〉は、そうした中世の国土の観念を可視的に表現したものの一つだったのである。

4　辺土と神国

末法辺土の救い

本章では、古代の場合と比較しながら中世的な神国思想の特色を検討した。それを踏まえて、従来神国思想についていわれてきたいくつかの常識的な理解について、私の見解を述べておきたい。

第一に取り上げたいものは、神国思想は平安後期から広まった仏教的世界観にもとづく末法辺土意識を前提として、それを克服するために説き出されたとする見方である。序章でも触れた通り、こうした見解の背後に「神道」と「仏教」を異質なものと捉え、「神道的優越感」による「仏教的劣等感」の克服という図式の中に、鎌倉時代の神国思想の興隆を位置づけようとする立場を見出すことは容易であろう。しかし、私はこの図式は根本的に誤っていると考えている。

この問題についてはこれまで何度か触れてきたが、改めて一つの史料を挙げてそれを確認しておきたい。鴨長明《かものちょうめい》作とされる『発心集《ほっしんしゅう》』の一節である。

釈尊《しゃくそん》が入滅されてからすでに二千余年、天竺《てんじく》を去ること数万里のこの日本では、わずかに聖教《しょうぎょう》は伝わっているといっても、正法《しょうぼう》・像法《ぞうぼう》の時代はすでに過ぎてしまっているため、それを実践することは困難であり、悟りを開く人もほとんどいない。そこで諸仏・菩薩は、悪世の衆生が辺鄙《へんぴ》の地に生を享け、無仏の世に惑って悪道から抜け出すことができないことを憐れに思って、我らにふさわしい救済方法を示すために卑しき鬼神の仲間となられたのであるから、かたや悪魔を従えて仏法を守り、かたや賞罰を行使して信心を起こさせようとされるのである。これもひとえに利生方便のねんごろなるお心からなされたことなのである。とくにわが国のありさまをみれば、神明の助けなくして、どうして人民は安泰となり、国土も穏やかになることができるであろうか。小国辺鄙の境であるから、国の力も弱く、人の心も愚かなのである。

神に往生を祈る

ここでは当時の日本が時代的には末法の悪世であり、空間的には辺鄙の境に位置することが強調されている。そうした絶望的な状況に置かれている人々を救いとるために、仏・菩薩はわざわざ卑しい姿をとって、神として日本に出現した。だから我々は彼岸の仏・菩薩の垂迹である神に縁を結ぶことによって、自分自身の安泰と国土の平和を実現することが可能となるのである。――『発心集』はこのように主張しているのである。

仏が神としてこの日本に垂迹する理由を説明するこうした論理は、中世の史料を繙《ひもと》いていけばいたるところに見出すことができる。第二章で論及した『源平盛衰記《げんぺいじょうすいき》』にはこれとほとんど同じ表現が見える（五九～六〇頁）。同じく第二章で引いた『沙石集《しゃせきしゅう》』も、末法辺土に神として出現したから日本は神国なのだと説いていた（七一頁）。山王神道の教理書『耀天《ようてん》記《き》』は、「日本国は小国の中でもとくに小国」で、「小根薄善の人、浅近愚昧の族」（能力に欠けた愚かな人間）ばかりが集まっているから、神と現れて信心を勧めているのだ、と述べている。

こうした主張の根拠となったのが、『悲華経《ひけきょう》』という経典のなかの「我が滅度《めつど》ののち、悪《あく》世《せ》中に大明神と現じて広く衆生《しゅじょう》を度さん（人々を救おう）」という一節だった。この言葉は中世において、きわめて頻繁に引用されたものである。ここでは釈迦が末世の衆生を救済するために、神の姿をとって出現することが説かれている。日本が末法辺土の悪国であることは、本地である仏が神として垂迹するための必須の前提条件だったのである。

仏教の土着が生み出した神国思想

ここで改めて、先にみてきた中世的な神国論を思い出していただきたい。中世では日本が神国である根拠は、仏・菩薩が神として垂迹していることにあった。それに加えて、私たちはいま、神々の垂迹が末法辺土の必然的な帰結とされていることを確認した。

この二点から私たちは、中世においては末法辺土の思想が、本地垂迹説を前提とする神国思想の内に論理的に組み込まれていたと結論づけることができる。

日本が末法の辺土悪国であるからこそ、仏は強大な威力をもつ神として現れなければならなかった。末法辺土なるがゆえに、「時期相応」（末法という時代とそこに生きる衆生にふさわしい）の姿をとって垂迹した神々にすがることが、救済への最短距離なのである。――こうした論理からすれば、末法辺土の強調なくして神国の主張もありえなかった。末法辺土思想は、決して神国思想と対立するものではない。むしろ中世の神国思想をなりたたせるための不可欠の一要素をなしていたのである。

春日《かすが》神社に起こった奇瑞《きずい》を描く次の『春日権現験記《かすがごんげんけんき》』の一節は、いま述べたような末法思想と神国思想との関係を端的に示している。

――嘉元《かげん》二年（一三〇四）のことである。興福寺《こうふくじ》が事実上の支配権を握っていた大和《やまと》の国で、寺僧らが土地の地頭《じとう》を追放するという事件があった。怒った鎌倉幕府は、興福寺の衆徒や神人《じにん》を多く逮捕した。寺僧たちがこれを嘆いて寺から逐電《ちくでん》したところ、まだ紅葉の時期には間があるにもかかわらず、春日山の木々の葉がたちまち色を変え、落葉してしまった。藤《ふじ》原《わら》氏の繁栄と仏法護持のために三笠山《みかさやま》に跡を垂れた神が、末代の非道を憤って「本覚《ほんがく》の城」に帰られたのかと嘆きあっていたところ、このことが鎌倉に聞こえて原状復帰の命令が出され、神も元通り社殿に帰座された。

『春日権現験記』はこれに続いて、次のような言葉を載せている。

およそわが朝は神国として、宗廟 社稷《そうびょうしゃしょく》の三千余座の神々がそれぞれの由来と利益を誇っているが、このような不思議な現象はいまだに見たことも聞いたこともない。勁松《けいしょう》（強い松。貞臣のたとえ）は霜の降りた後に現れ、忠臣は国の危ういときに出現するということわざにもある通り、時は末代に属し人々がおもねりとへつらいをこととするいま、不信の衆生のためにあらたかなる手だてを示されたのであろう。

このような論理構造では、末法辺土の強調は必然的に時期相応の救済者としての神の威光を上昇させる結果となった。逆に神の威力を宣揚するためには、末法辺土の衆生の劣悪さをいっそう際立たせる必要があった。中世においては、神国と末法辺土は決して矛盾する概念でも相対立する理念でもなかった。両者は相互に密接不可分の関係を保って、論理的に支え合っていたのである。

以上、明らかにしたような構造をもつ中世の神国思想が、通説のいうように、仏教をライバル視し、それに対抗しようとする立場から主張されることはありえない。仏教的な世界観を前提としそれに包摂された中世の神国思想は、逆に、仏教が日本に土着化し社会に浸透していくことによって、はじめて成立することが可能になったのである。

5　神国思想に見る普遍主義

垂迹としての釈迦

神国思想にまつわる通説に関して再考したい二番目の点は、神国思想は蒙古襲来を契機として鎌倉時代に勃興するナショナリズムを背景に高揚したものであり、日本を神秘化し他国に対するその優越を強く主張するものであるという見方である。

日本＝神国の思想がなぜこの時期に集中的に見られるようになるのかという問題に関しては、次章で詳しく論じることにする。ここではまず、中世的神国思想の構造そのものが日本を無条件に神秘化するようなものでなかったことを、重ねて指摘しておきたい。

すでに論じたように、中世的神国思想の一つの柱は、日本の神は仏の垂迹であるとする理解だった。仏が神として垂迹したから日本は神国なのだという論理が、神国思想の核心をなしていたのである。日本の神祇を仏教的世界観に包摂するこうした論理が、国土の神秘化と他国に対する優越の強調という方向性にそぐわないものであることはいうまでもない。中世的神国思想は、激しい自民族中心主義の高揚に対応するような論理構造を最初からもっていなかったのである。

ここで、もう一つ見落としてはならない問題がある。本地垂迹説については、しばしばインド（天竺）の仏が日本に神として化現したとする思想と説明される。さらにそうした見方を前提として、本地垂迹説は日本と天竺を直結させることによって、中国を相対化する役割を果たしたと説かれることもある。だがこれは明らかな誤解である。本地の仏とインドに生誕した釈迦仏とは、まったく別次元の存在なのである。

『沙石集』の著者である無住《むじゅう》は、『聖財集《しょうざいしゅう》』という別の説話集の中で、インドの釈迦、中国の孔子《こうし》・老子《ろうし》、日本の神々・聖徳太子《しょうとくたいし》などは、みな仏の慈悲の方便としてこの世界に派遣された存在なのだ、と述べている。日本の神だけでなく、歴史的人物としての釈迦もまた他界から遣わされた垂迹だった。インドの釈迦を垂迹と捉える論理は、第二章で引用した『沙石集』の文章（七一頁）にも読み取ることができる。

本地垂迹の論理は、インドと日本とを結びつける論理だったのではない。私たちの覚知できない遠い浄土の仏が、末世の悪人を救済すべくさまざまな形をとってこの娑婆《しゃば》世界に出現するという思想だった。それは娑婆世界の二地点を結びつける論理ではなく、普遍的な真理の世界とこの現実の国土を結合するものだったのである。

したがって、国や地域の違いを超えて、現世に実在するあらゆる聖なる存在はみな彼岸の仏の垂迹だった。日本の神々だけではない。釈迦や孔子・老子といった聖人から仏像・経典までもが、末世の衆生を救うために現出した聖なるシンボルであり、究極の真理の顕現と考えられていたのである。

三国と神国

そうはいっても、神国思想が一面では日本を神聖化し、他国に対する日本の優越を誇示せんとする指向性を有していたことは否定できない。それが鎌倉時代の後半から強まったこともまた事実である。先に取り上げた〈日本図〉では、日本は独鈷として表現され、龍が守護する国土として描かれていた。「日本は神国として他州にすぐれている」（『園城寺伝記《おんじょうじでんき》』）といった表現もたびたび見えるようになる。

そうした方向と軌を一にするかのように、仏教者の口から、日本を大乗仏教が広まるのにもっともふさわしい選ばれた地とする言辞が頻繁に出現するようになってくる。日本を大乗仏教が広まるべき（円機《えんき》已熟《いじゆく》）国土であるとする主張はすでに最澄に見られるが、中世になるとそれがはっきりとした日本賛美と結びつくのである。

しかし、中世の神国思想が本地垂迹思想や娑婆世界像といった仏教的理念を下敷きにしたものであったことは、やはり重要である。そこでは現実世界と彼岸世界を包含する広大な宇宙のイメージが前提となっていた。神国の強調は無条件の日本主義への回帰ではなかった。日本を超える普遍世界の存在を前提とした、「辺土」日本の独自性への着目だったのである。

そうした世界像の集約的表現が「三国」（インド・中国・日本）という言葉である。法相《ほっそう》宗の覚憲《かくけん》の『三国伝灯記《さんごくでんとうき》』や華厳《けごん》宗の凝然《ぎょうねん》の『三国仏法伝通縁起《さんごくぶっぽうでんづうえんぎ》』に見られるように、神国理念の高揚した中世では、他方で「三国伝来」「三国相承《そうしょう》」といった言葉が日常化していった。また『今昔物語集《こんじゃくものがたりしゅう》』は収録した説話に対し、天竺・震旦《しんたん》・日本という分類を行っている。日本がつねに三国という広がりのなかで把握されていたところに、中世的な世界観の特色があった。

本地垂迹の理念によれば、垂迹は多様な姿をとってこれら三国のいたるところに存在していた。日本が神国であるのは、垂迹がたまたま神の姿をとったからにほかならない。インドが神国でなかったのは、仏が神ではなく釈迦として垂迹したからだった。それゆえ「神国」である日本に対して、「月氏は仏国なり。日本は神国なり」（『園城寺伝記』）というように、月氏＝インドはたびたび「仏国」と表現されることになったのである。

留学生を助ける「日本の神仏」

こうした世界観を前提とする限り、宗教的な意味で日本の聖性と優越が強調されたとしても、それは彼岸の本地仏との関係ではなく、垂迹のレベルで説かれることになった。

中世の説話には、吉備真備《きびのまきび》や寂照《じゃくしょう》などの留学生が中国でいじめに遭ったときに「日本の神仏」が助けてくれるという話が、複数のパターン収録されている。また蒙古襲来当時の文献には、地上で日本と蒙古の軍勢が合戦を行っている最中に、両者の守護神たちもまた甲冑《かっちゅう》を身にまとい、力を尽くして死闘を繰り広げている様子を描いたものが存在する。

これらは結局のところ、日本の神々や日本列島に鎮座する仏像の霊験を褒め称えるという意図によって創作されたものと推定されるが、中国や蒙古側の神に対するそれら「日本の神仏」の優位の主張は、あくまで垂迹の次元にとどまっていた。あたかも人間のごとく、ナショナルな心情にもとづいて日本に肩入れしようとする神仏は、具体的な肉体をそなえてこの列島に化現した垂迹たちだったのであり、それは敵対する中国や蒙古・新羅についても同様だった。

そうした垂迹たちの背後には共通の真理の世界が存在したのであり、その次元にまで降り立ったとき、もはや国境やナショナリズムは意味をなさなかった。自身と所属を同じくする国土と人民に対する忠誠を誓った垂迹たちですら、その本来の任務である彼岸世界への案内者という立場に立ち戻ったとき、もはや国籍で人々を差別することはなかった。

中世の僧侶が一方で日本を礼賛し、「日本の神仏」の加護を祈願しながら、一方で奝然《ちょうねん》や高弁《こうべん》のように実際に中国・天竺行きを志す者が繰り返し現れたのも、こうした本地垂迹思想のもつインターナショナルな世界観の側面を踏まえてのものだった。彼岸への回路としての日本の垂迹に飽き足らなくなった彼らは、本地の仏により接近すべく、大陸にある異種の垂迹との邂逅《かいこう》を目指したのである。

中世に流行した起請文《きしょうもん》でも、日本の神々の定位置は、梵天《ぼんてん》・帝釈天《たいしゃくてん》といった仏教守護の天部はもとより、泰山府君《たいざんふくん》などの中国的・道教的な神々の下座だったことを想起して欲しい。日本の神々の地位を相対化するこうした神仏の序列を、中世人は日常的に目にし、耳にしていたのである。

『神皇正統記』の神国論の真意

中世においては神国の強調は、他国に対する日本の絶対的優位を論じるものというよりは、垂迹が神の姿として現れたという相対的な特殊性の主張の意味を、より強くもつものであることを指摘した。こうした理解を前提としたとき、私たちが本書の冒頭から神国思想に対して抱き続けてきたもっとも重大な疑問は、おのずから氷解することになるであろう。

私は「序章」で、近代においてしばしば日本＝神国の歴史的根拠とされた、『神皇正統記《じんのうしょうとうき》』の「大日本《おおやまと》国は神国なり。……我国のみこの事あり。異朝《いちょう》にはそのたぐひなし」という有名な言葉を引用した。その上で、神国思想を説く代表的な文献とされているこの著作が、他方では仏教的理念に依拠して日本を「粟散辺土《ぞくさんへんど》」と認識していたことを述べて、両者の矛盾を指摘した。

私たちは「序章」の段階では、この疑問に答える術《すべ》をもたなかった。しかし、いまはそれに対するはっきりとした解答を提示できる。本章で詳しく論じたように、中世では日本が末法辺土であることは、日本＝神国を主張するにあたっての論理的な前提であった。末法の悪人を救済するために仏が神として垂迹しているという理念が、中世的な神国思想の骨格をなしていた。そして、『神皇正統記』でも末法辺土思想が受容される一方、「神明」が「垂迹」であることが明言されているのである。

このように見てきたとき、私たちは『神皇正統記』の冒頭の文章についても、従来の常識とは異なる解釈を施すことができる。「異朝にはそのたぐひなし」という言葉は、普通にいわれるように単純に「異朝」に対する日本の優越を説いたものではない。仏が神として垂迹し、その神の子孫が君臨しているという意味での「神国」は日本だけだ、と主張するものだったのである。

そもそも親房《ちかふさ》は『神皇正統記』において、神孫が君臨する「神国」日本の特殊性を論じることによって、みずからが支持する南朝の正統性を論証しようとしたのであり、そこに最初から、他国に対して日本の優位を主張するという意図が込められていたわけではない。この書の序論にあたる部分で、日本の天地開闢《かいびゃく》説に先立ってインド・中国のそれを長々と引用しているように、親房は努めて日本を広い世界観の中に客観的に位置づけようとしているように見える。日本を賛美する側面がないわけではないが、先入観なしで読んでいけば、その日本観はかなりの程度相対的である。

末法辺土思想と本地垂迹説を前提とした日本の特殊性の主張。――この点において、『神皇正統記』の神国思想はまさしく中世的なそれとして位置づけることが可能なのである。

第四章　神国思想の歴史的意義

鎌倉時代における神国思想の出現を、外国の侵略——蒙古《もうこ》襲来を目の当たりにしてのナショナリズムの高揚と結びつける議論は盛んである。しかし、実際に史料にあたってみると、他国を意識して説かれたものは意外に少ない。むしろイデオロギーとしての神国思想は、対外的・国内的を問わず、ある要因がもたらす国家体制の動揺に対する支配階層内部の危機意識の表出という性格を強くもつものだった。

1　悪僧の跳梁と神国

だれが神国を説いたのか

私たちは前章で、古代の場合と比較しながら、中世に盛んに説かれた日本＝神国の論理の特色を考えた。それにしても、なぜ院政期（一二世紀）からこうした特色をもった神国思想が頻繁に説かれるようになるのであろうか。

神仏が共存する独自の構造をもつ中世的な神国思想が成立してくる歴史的・思想的背景については、すでに詳しく見てきた。しかし、それはあくまで背景にすぎない。なぜ中世に入って、日本が神国であることが改めて繰り返し強調されなければならなかったのか。――この問題を考えるためには前提として、中世的な神国思想がどのような文脈で、だれによって主張されているかを具体的に検証していく作業が不可欠であろう。またひとたび説き出された神国思想が、どのような機能を担ったのかを解明することも重要である。

私たちはこういった疑問に答えるために、中世において神国思想が主張された実際のケースに即して、さらに考察を進めていくことにしよう。

さて、神国思想といえば蒙古襲来というのが、私たちの抱くイメージである。だがそれ以前にも、中世的な日本=神国の論理はさまざまな史料に見出すことができる。それが特定の立場からある程度まとまって説かれる事例としては、①院政時代の寺社相論《そうろん》（対立）、②鎌倉時代の新仏教の排撃、③蒙古襲来、の三つの事件に関わるものが目立つように思われる。そこで、それぞれの場合について、神国思想がどのような意図にもとづいてだれによって主張され、実際にいかなる歴史的役割を果たしたかを探っていくことにしたい。

悪僧の世紀の幕開け

はじめに、院政時代の寺社相論と神国思想との関係について見ていこう。

院政期を彩る社会運動は、大寺院の悪僧《あくそう》（僧兵）たちによる強訴《ごうそ》だった。白河《しらかわ》・鳥羽《とば》・後《ご》白河《しらかわ》の三代の間になされた強訴は六〇回を数えた。悪僧たちはことあるごとに神木《しんぼく》や神輿《みこし》を押し立てて京都に押し寄せ、道理のない要求をも力ずくで押し通そうとして憚らなかった。

強訴が流行する背景には、寺院の世俗化があった。すでに述べたように、平安時代の後半から大寺院や有力な神社は積極的に土地を集めて、巨大な荘園領主《しょうえん》に成長していった。しかし、荘園を集積すればそれですべて片がつくわけではなかった。むしろ重要な問題は、集めた荘園をどのように経営していくかという点だった。皇室をはじめ、有力貴族、大寺社がみな一様に荘園獲得に狂奔している状況の中では、少しでも隙をみせればたちまち近隣の領主の侵犯を受けることになった。また国家の出先機関である国衙《こくが》も、荘園を没収する機会を虎《こ》視眈々《したんたん》と狙っていた。

また、たとえ荘園を領有したとしても、その住民たちは何かと理由をつけては年貢を出し渋り、ことあるごとにその減免を要求するのである。

こうした状況の中で、円滑な荘園支配を行うためになにより必要とされたものは、経営と年貢徴収を行う組織の整備であった。同時に、他の領主による侵略を防ぎ、住民の反抗を押さえこむための強力な武力を保持することも、不可欠と考えられた。寺僧の武装化がしだいに進み、やがて「悪僧」（僧兵）とよばれる集団が出現するのは、このような事情が背景にあった。白河法皇をして、賀茂川《かもがわ》の水と双六《すごろく》の賽《さい》の目とともに意のままにならぬもの（天下三不如意）として嘆かせた山法師（比叡山《ひえいざん》の悪僧）は、寺院の世俗化が産み落とした鬼子だった。武蔵坊弁慶《むさしぼうべんけい》が活躍する時代の幕が、いま切って落とされたのである。

鎮護国家の仏教

中世社会において、寺社勢力が力を振るった原因はもう一つあった。それは王権存続に果たす宗教の役割の大きさである。

中世は神仏の時代であった。この世界の根源にあって、現実世界を動かしているのは人間の力を超えた神仏の働きであると考えられていた。そうした観念が社会に共有されている状況では、天皇や王権を支えるもっとも重要な要素は神仏の助力であると信じられることになった。神仏の加護なくして、天皇も天皇たりうることはできなかった。仏事や神事がきちんと実施できるように取り計らうことこそが、支配者として真っ先になすべき責務だったのである。

大寺社が朝廷に対して、無理難題を平然と突きつける背景には、中世社会において宗教がもっていた圧倒的な重みがあった。比叡山をはじめとする寺院とその仏法は、鎮護国家の機能を提供することによって国家の存続と繁栄を支えているものと観念されていた。またそれらの大寺院の僧侶はさまざまな国家守護の法会《ほうえ》の担い手でもあった。

そのため僧侶たちが朝廷に対して強気に出ることは、十分理解されることだった。逆に寺社勢力の強訴に直面して、権力者たちがその鎮圧に及び腰になるのも当然だったのである。

強訴と神国

院政期から鎌倉の初期にかけての時期、南都《なんと》北嶺《ほくれい》の寺社勢力による強訴と騒擾《そうじょう》はピークに達していた。寺社勢力の横行が続く緊迫した状況のなかで、権力者の口からしばしば「神国」が語られることになった。

保安《ほうあん》四年（一一二三）、日吉《ひえ》の神輿を振り立てての相次ぐ山門（延暦寺《えんりゃくじ》）の強訴に頭を痛めた白河法皇は、石清水八幡宮《いわしみずはちまんぐう》に祈願の告文《こうもん》（告げ文）を捧げて悪僧の沈静化を祈願した。この告文の中で白河法皇は、まず自身が「三代帝王の父祖」として七〇を越える齢《よわい》を重ねるに至ったことを神に感謝した。次いで、天台《てんだい》の衆徒（比叡山の悪僧）をはじめとする寺社の構成員たちの濫行《らんこう》ぶりが日々エスカレートしていることを挙げ、これも朝廷が彼らの要求を安易に受け入れるからだと述べる。その上で、「我が朝は神国」であり、神は非礼を受け入れないものであるから、神の力をもって衆徒の中の暴悪な連中を懲《こ》らしめて、平穏な国土を実現して欲しいと祈願するのである。

その際、注目されるのは、白河法皇は決して悪僧が主導権を握る山門そのものを否定し、その根絶を願うことがなかったことである。むしろ悪僧たちの心が和らぐことによって山門が本来の姿に立ち返り、その力によって「国土豊饒」が実現することを期待しているのである。

これとほぼ同じ論理は、天永《てんえい》四年（一一一三）の鳥羽天皇宣命《せんみょう》にも見ることができる。興《こう》福寺《ふくじ》と延暦寺の間での訴訟がエスカレートし、神人《じにん》や衆徒の横暴が目にあまる状況を嘆いた宣命は、八幡神に対して、彼らの悪事をやめさせるためにその威力を発揮するよう求めた。その上で寺院に平安が訪れ顕密《けんみつ》（顕教と密教、あらゆる仏教）の学問が興隆して、天下の泰平が実現することを祈願するのである。

また、嘉禎《かてい》二年（一二三六）、石清水と興福寺・春日社《かすがしゃ》との間で起こった紛争にあたって出された藤氏長者宣《とうじちょうじゃせん》（藤原氏長者の通達）は、「我が朝は神国なり」と述べた後、神代《かみよ》において天照大神《あまてらすおおみかみ》・八幡神・春日神の三神が力を合わせて子孫と国家を守護することを誓ったという伝説までを持ち出して、対立する両勢力に対して敵対行為の停止と和解を求めている。

支配者の危機感

有力寺社を巻き込んだ激しい紛争は、それらの権門寺社が国家の精神的支柱としての役割と護国の機能を担う存在であっただけに、支配層に深刻な危機感を抱かせた。国を守り人々を救うべきはずの宗教勢力が率先して武力衝突を繰り返すことは、社会の秩序を根底から揺るがしかねない危険性を孕《はら》んでいた。歌人として有名な藤原定家《ふじわらのていか》は先の興福寺と石清水との対立について、「これは国家滅亡の期であろうか」という感慨をその日記である『明月記《めいげつき》』に記している。

そのため、院政期には寺社の強訴関連事項は、国家レベルの問題の審議機関である朝議において最優先の課題とみなされることになった。この時期には国家の安危に関する重大案件は「国家大事」とよばれたが、寺社の強訴はまさしくそれに該当するものだった。また保元《ほうげん》の新制（一一五六年）以降、朝廷によってたびたび発布された法令（新制）でも、寺社勢力をいかに統制し再編成していくかは最重要の課題だった。

院政期に集中的に出現する神国思想はそうした歴史的な文脈の中で、国家的な視点に立って権門寺社間の私闘的な対立の克服と融和・共存を呼びかけるために、院とその周辺を中心とする支配権力の側から説き出されたものだったのである。

2　新仏教批判の論理としての神国思想

鎌倉仏教の時代

院政期に続いて「神国」がまとまって現れるのは、鎌倉時代の初めのことだった。

鎌倉時代を特色づける思想運動としていわゆる「鎌倉新仏教」の成立がある。法然《ほうねん》をはじめとして、親鸞《しんらん》・栄西《えいさい》・道元《どうげん》・日蓮《にちれん》・一遍《いっぺん》といった人物が、次々と独自の信仰世界を切り開いていった。これ以外にも、律宗の系譜に連なる叡尊《えいそん》や忍性《にんしょう》は、非人やハンセン病患者の救済などの慈善事業・社会事業に目覚ましい活躍を見せた。

これに対抗して、伝統仏教の側からもすぐれた思想家や学僧が輩出した。歌人としても知られた『愚管抄《ぐかんしょう》』の作者慈円《じえん》、解脱上人貞慶《げだつしょうにんじょうけい》、明恵上人高弁《みょうえこうべん》らはその代表的人物である。鎌倉時代は日本の宗教史・思想史において、もっとも実り多き時代だった。

私たちは鎌倉時代の宗教世界というと、まず鎌倉新仏教を思い浮かべることが普通である。祖師によって新たな教えが説き出されるや、社会はたちまちのうちに新仏教一色に染め上げられてしまったというのが、いまなお大方の人々が抱く鎌倉時代の常識的なイメージである。しかし、こうした見方は間違っている。新仏教が説かれるようになる鎌倉時代にあっても、圧倒的な思想的影響力と宗教的権威をもち続けていたのは比叡山延暦寺をはじめとする南都北嶺の伝統仏教だったのである。

それらは単に宗教世界において、大きな力を有していただけではない。平安時代の後期になると権門寺社がみずから荘園領主へと成長し、巨大な世俗的権勢を身に付けるようになることは先に述べた。その過程で、有力寺院は貴族の子弟を積極的に受け入れるようになった。貴族層に加えて、院政期ごろからは皇族出身者の入寺が目立つようになり、大寺院は第二の公家社会ともいうべきものに化してしまうのである。

悪僧に代表される強力な武力を蓄えたことに加えて、朝廷と人的なパイプをもつことによって、権門寺院は国家権力に対して強い影響力をもつに至った。まして鎌倉時代にあっても、さまざまな国家的法会を一手に掌握していたのは伝統仏教である。伝統仏教は宗教的権威・思想的影響力・社会的権勢いずれをとっても、新仏教とは比較にならない力を保持していた。

少なくとも鎌倉時代の段階では、いわゆる新仏教は仏教界において少数派の立場を越えることはできなかった。それは、まさに吹けば飛ぶような泡沫《ほうまつ》的存在にすぎなかったのである。

新仏教の弾圧

いわゆる鎌倉新仏教は、社会的勢力としても宗教世界においても少数派であっただけではない。それはしばしば伝統仏教側から異端として批判を受け、弾圧を被るような存在だった。なかでももっとも激しく、かつ執拗な弾圧を受けたのが法然の専修念仏《せんじゅねんぶつ》である。

元久《げんきゅう》元年（一二〇四）、比叡山延暦寺の衆徒が法然の専修念仏反対の声を上げ、その停止を座主《ざす》の真性《しんしょう》に訴えた。翌年、今度は興福寺の衆徒が専修念仏の禁止を求めて朝廷に一通の訴状を提出した。「興福寺奏状」として知られるこの訴状は九ヵ条にわたって念仏の過失を列挙し、国家権力を発動して法然流の念仏集団を禁止することを要求するものだった。この訴状が引き金となって、翌建永《けんえい》元年（一二〇六）から念仏宗に対する大弾圧が開始された。

法然の弟子であった住蓮《じゅうれん》・安楽《あんらく》の二名は首を斬られ、法然自身四国への配流《はいる》を命じられるのである。親鸞もこの事件で越後に流されている。

法然の死後もその教団に対する伝統仏教側からの批判と迫害は衰えを見せることがなかった。弾圧の嵐は、以後半世紀にもわたって繰り返し専修念仏教団を襲い続けた。なかでも最大の事件が嘉禄《かろく》の法難《ほうなん》といわれるものだった。嘉禄三年（一二二七）に起こったこの法難（弾圧事件）では、比叡山の悪僧によって大谷にあった法然の廟所《びょうしょ》が破壊され、主だった門弟が流罪に処せられている。

伝統仏教と手を結んだ支配権力側から弾圧を被ったのは、法然の念仏宗だけではなかった。禅宗の系譜に連なる栄西と道元も延暦寺の圧力を受けて、ひとたびは京都を離れることを余儀なくされている。また法華経の至上性を標榜してその題目（妙法蓮華経《みょうほうれんげきょう》）の専修を説いた日蓮は、伊豆《いず》と佐渡《さど》への二度の流罪を経験し、龍《たつ》ノ口《くち》では危うく斬首を逃れている。

鎌倉時代においては、いわゆる新仏教は異端として、常に国家権力や旧仏教側からの弾圧の危機にさらされ続けていたのである。

念仏排撃の論理と神国思想

新仏教に対する弾圧事件をみていったとき注目されるのは、比叡山延暦寺などの伝統仏教が念仏の禁止を要求して朝廷に提出した奏状に、しばしば神国思想が姿を見せることである。

貞応《じょうおう》三年（一二二四）に専修念仏の禁止を求めて朝廷に提出された延暦寺の解状《げじょう》は、そのなかに「一向専修の党類が神明《しんめい》に背を向けるのは誤ったことである」という見出しを掲げ、続けて次のように記している。

わが朝は神国である。神道を敬うことを国の勤めとしている。謹んで神々の根源を尋ねてみるに、一つとして諸仏の垂迹《すいじゃく》でないものはない。伊勢大神宮《いせだいじんぐう》・正八幡宮・賀茂《かも》・松尾《まつのお》・日吉・春日等の神は、みな釈迦《しゃか》・薬師《やくし》・弥陀《みだ》・観音《かんのん》などが示現《じげん》されたものである。神はそれぞれふさわしい地を選んで垂迹し、縁ある衆生を導こうとされる。善悪をはっきりわからせるために、賞罰の力をお示しになるのである。

ここでは、まず日本が「神国」であると宣言されているが、その理由は仏が神として垂迹していることにあった。仏の垂迹を神国の根拠とする中世的な神国観が、この奏状でも思想的背景として存在するのである。

この言葉に続いて奏状は、専修念仏者が念仏を口実として少しも明神を敬おうとしないが、これは「国の礼」を失する行為であり神の咎《とが》めに値するものである、と述べて専修念仏をきびしく批判する。さらに、念仏者の神をも恐れぬ悪行は「神国の法」を犯すものであり、国家による処罰の対象になると主張して、国家権力を発動しての念仏禁止を求めるのである。

攻撃される念仏と禅

先に言及した元久二年（一二〇五）の「興福寺奏状」も、念仏批判を展開するなかで「霊神を背く失」という一節を立て、同様の立場から念仏者の神祇不拝を非難している。またその末尾では、「末世の沙門《しやもん》は君臣をすら敬うのである。まして霊神を敬わないことがあろうか」と述べ、国王と神々への礼拝を同列に論じてその重要性を訴えている。この奏状そのものには「神国」という言葉は見えないが、これを要約して自分の著作に引用した日蓮は、次のように言い換えている。

わが朝はもとより神国である。百王は神の子孫であり、四海はその加護を仰ぐ。ところが専修念仏の連中はさまざまな神々を一緒くたにしたうえで、神明を頼めば魔界に堕《お》ちるなどと公言してはばからない。蛇や死霊などの実類の鬼神は別としても、権化《ごんげ》の垂迹は仏・菩薩《ぼさつ》にほかならない。上代の高僧ですら、みな帰伏されたのである。

神々の威光は仏・菩薩の垂迹であることに発しているのであり、神々への礼拝を拒否する専修念仏者は「神国」の風儀に背くものとして批判されているのである。

なお日本が神国であることを根拠とした攻撃は、専修念仏とともに当時急速に興隆したもう一つの宗教、禅宗に対しても見られた。鎌倉時代の歌論書『野守鏡《のもりのかがみ》』は、神明の教えに反して禅と専修念仏が「死生」を忌まないために、「神国」の風儀を失う結果となっていると批判している。神国であることを標榜しての神祇不拝攻撃は、伝統仏教が新興の念仏宗や禅宗を批判する際の常套論理となっていたのである。

なぜ新仏教は弾圧されたのか

それにしても鎌倉時代の新仏教は、神々を敬わないという理由だけで、なぜこれほどまでに執拗で徹底した弾圧を受けなければならなかったのであろうか。そこに神国思想が持ち出されたのはどうしてだろうか。

これは現代人にとってはほとんど理解の範疇を越えている。そこで、この疑問に踏み込む前に、私たちは中世において神仏がどのような社会的機能を果たしていたかを、改めて確認しておく必要がある。

律令制支配の解体に直面した寺院や神社は、国家の支援に代わる新たな財政基盤として荘園を集めていった。その際、寺社はみずからの土地支配の正当性を主張するために、その荘園をしばしば神や仏の所有する聖なる地（仏土《ぶつど》・神領《しんりょう》）になぞらえた。たとえば東大寺《とうだいじ》では、寺領荘園が「大仏御領《だいぶつごりょう》」（大仏様の土地）とよばれている。そのうえで、荘園に居住する住人が年貢を拒否したり、俗人が寺社領を侵略したりする行為は、そこを支配する本尊仏や祭神に対する許しがたい反抗であり、神仏の「罰」に値する非道な行為とされたのである。

　現代に生きる私たちの目からすれば、こうした「仏土」「神領」の論理が神仏の権威を利用して寺社の支配を正当化するための、巧妙なからくりであることはすぐに理解できる。しかし、当時はまったく事情が違った。中世人にとって神仏の存在は、決してたとえ話でも空想の産物でもなかった。人々は日々神仏の声を聞きその存在を感じ、神仏との交感を重ねながら日々の生活を営んでいたのである。そうした意識下にあった人々にとって、神仏を表に立てての支配がいかに重くのしかかっていたかは想像してあまりある。

　神仏の権威を利用した支配は、寺社領の荘園にだけ見られる現象ではなかった。この時代の荘園は、その支配体系の頂点に位置する本家のもと、領家《りょうけ》（二次的領有者）—在地荘官（現地の役人）といった重層的な支配形態がとられていた。そのため天皇家や摂関家などが本家職をもっていた場合でも、寺社が領家職とされる例はきわめて多かった。天皇家領でも、その大半を占めたのは長講堂《ちょうこうどう》領・新熊野《いまくまの》社領・六勝寺《ろくしょうじ》領などの寺神領だった。それ以外でも、荘園の中央には必ず鎮守の寺社が勧請《かんじょう》され、住民ににらみを利かせていた。

　中世社会の骨格をなす荘園制的な支配とは、まさに神仏の権威を背景とする宗教的な支配にほかならなかったのである。

異端としての新仏教

法然・親鸞・日蓮らは、究極の救済をえるためには神々への礼拝は不要であると主張した。不拝の対象は神にとどまらず、仏像や聖人・祖師にまで及んだ。その門弟たちのなかには、仏像を破壊し教典を火にくべるという過激な実力行使をとるものまでが現れた。彼らはなぜ神・仏・聖人といった既存の宗教的シンボルへの礼拝を拒否しなければならなかったのであろうか。その根拠は、彼らが構築した独自の救済理論にあった。

中世社会では同時代の日本を、末法《まっぽう》の暗黒時代と捉える見方が常識化していた。また地理的にみれば、日本は仏の生まれた天竺《てんじく》から遠く隔たった、辺境の粟粒《あわつぶ》のごとき小島にすぎなかった。末法辺土《へんど》の「日本」に生を享《う》けた悪人は、その存在を視認できない彼岸《ひがん》の仏を信じることは容易ではなかった。そこで仏は辺土日本にふさわしい姿をとって、その姿をあらわにした。それが神々であり、聖人であり、仏像だった。したがって、彼岸の極楽浄土に往生することを目指していても、末法の衆生はひとまず垂迹を経由することが不可欠と考えられた。こうした観念を強調することによって、人々の関心と足を垂迹のいる霊場に向けさせようとしたのが伝統仏教だったのである。

それに対して、法然の特色は、救済に不可欠の役割を果たすと信じられていた垂迹を、救済の体系から完全に排除した理論を構築した点にあった。法然は念仏を称えることによって、身分や階層に関わりなく、だれもが本地《ほんじ》の弥陀の本願に乗じて平等に極楽浄土に往生できることを強調した。人はだれも彼岸の阿弥陀仏と直接縁を結ぶことができるのであり、真の救済のためには、両者の間に介在する宗教的シンボル（垂迹）への帰依は百害あって一利なしとされた。専修念仏者の神祇不拝は、こうした救済論の必然的な帰結だったのである。

法然の思想には、本来、現実の国家や社会のあり方を批判するような政治性は皆無だった。しかしそれは、垂迹の権威を荘園支配のイデオロギー的基盤としていた権門寺社や支配勢力からすれば、当時の支配秩序そのものに対する公然たる反逆以外の何物でもなかった。垂迹の否定は、とりもなおさず神国思想の否定でもあった。専修念仏が単に伝統仏教界から目の敵《かたき》にされるだけでなく、国家権力を発動しての弾圧を受けることになった理由は、まさにこの点にあったのである。

3　蒙古襲来

高まる侵略の危機感

一三世紀の前半にユーラシア大陸を席捲《せっけん》した蒙古が、次にねらいを定めたのが、日本だった。

文永《ぶんえい》五年（一二六八）正月、高麗《こうらい》の使者によって、日本の服属を求める蒙古の国書が届けられた。幕府を通じてこの国書に接した朝廷は、結局これを黙殺することに決定したが、外国によるはじめての本格的な侵略がいまにも現実化しそうな状況のなかで、公武政権の危機感は高まった。

幕府がまず行ったことは、諸国の一宮《いちのみや》・二宮《にのみや》、国分寺などの主だった寺社に、蒙古の屈服を目的とした異国降伏の祈禱を命じたことだった。朝廷もまた王城鎮守《おうじょうちんじゅ》の二十二社に対して、蒙古調伏の祈禱を行わせている。神仏への祈願は、これ以降も蒙古襲来の危機が遠のくまでの全期間にわたって繰り返された。

二度目の蒙古襲来を目前に控えた弘安《こうあん》四年（一二八一）七月には、西大寺《さいだいじ》流の叡尊《えいそん》が石清水八幡宮に赴き、蒙古の軍船を本国に吹き送るよう祈願している。『西大寺光明真言縁起《さいだいじこうみょうしんごんえんぎ》』によれば、結願《けちがん》のときに愛染明王《あいぜんみょうおう》の鏑矢《かぶらや》が八幡宮から西に向けて飛び去ったという。

繰り返し述べてきたように、中世人にとって神仏の存在は所与の前提だった。その実在を疑う人はだれもいなかった。この世界をもっとも根源の次元で動かしているのは神仏だった。したがって、現実社会の流れを変えようと思うならば、まず神仏の力を動員することが不可欠と信じられていたのである。

文永一一年（一二七四）、弘安四年（一二八一）と二度にわたる蒙古の襲来は、結局ほとんど奇跡としか見えないような現象によって退けられることになった。特に弘安の場合は、博多湾を埋め尽くしていた軍船が一夜にして暴風によって壊滅するというものであり、当時の人々の感覚からすれば神のしわざ以外のなにものでもなかった。神仏がこの世の帰趨《きすう》を決定するという理念が、蒙古襲来を通じて図らずも実証されることになったのである。

蒙古襲来と神国

蒙古襲来を目前にしての緊迫した状況のなかで、日本＝神国の理念がさまざまな方面で一斉に主張され始めた。

蒙古から国書が到来すると、そのつど朝廷では返牒（返答）についてさまざま評定を凝らした。結局、返答が出されることはなかったが、二度目の蒙古の国書に対して菅原長成《すがわらのながなり》が起草した文書の写しが『本朝文集』という書物に残されている。

そこでは、天照大神《あまてらすおおみかみ》の時代よりいまの天皇に至るまで、天皇は常に神々の加護のもとにあり、それは神々の百王鎮護の誓約にもとづくものとされる。そのため周囲の異民族も反乱を起こすことなく、それゆえに「皇土《こうど》」を「神国」と号するのである。神々が守る神国日本に対して、人智や人力でもって対抗できるものなどあるはずがない。――牒状はこのように主張するのである。

蒙古襲来の前後には、「日本＝神国」の論理は仏教界でもたびたび主張された。禅僧東巌《とうがん》慧安《えあん》の神国思想については前章で触れた。彼はその願文《がんもん》において、怨敵降伏の祈禱が成就した暁には敵国内に天変地異が続発して国が崩壊し、「本朝神国」に降伏することになるであろうと述べている。

これ以外にも、神国という言葉は蒙古襲来に関わるさまざまな史料に見出すことができる。蒙古襲来後に八幡神《はちまんじん》の功績を顕彰すべく著された『八幡愚童訓《はちまんぐどうきん》』という書は、この秋津島《あきつしま》（日本列島）では三千余座の神祇が百王守護を実行しているために、だれも「神国」を傾けることなどできないと主張している。

以上に挙げた例はどれも、日本が神国である根拠として神々による守護を挙げ、いかなる国もこの国を侵略することはできないと説くものである。蒙古襲来の危機感のなかで高揚する日本＝神国の論理の中心は、神々の国土守護を説いて日本の不可侵を強調する点にあったのである。

鎌倉後期の社会的矛盾

蒙古襲来―外国の侵略という未曾有《みぞう》の大事件を通じて、日本国内ではナショナリズムの波が急速に高まった。国難に対する危機意識が国民の団結を促し、それが日本＝神国の観念を増幅させていった。鎌倉時代の後期は伊勢神道などの神道思想が体系化される時代だが、それも「日本」の自覚にもとづくものであり、神国思想と同様にナショナリズムの高揚を背景とした現象だったのである……。

こうした説明は、今日でもしばしばみられるものである。しかし、近年の日本史の研究成果は、右のような解説とはまったく違った鎌倉後期の時代像を提示するに至っている。まず蒙古襲来をむかえる鎌倉の後期は、中世的な社会体制＝荘園体制が深刻な矛盾を露呈し始めた時期だった。荘園体制は、もともとすべてが国家―天皇の一元的な支配のもとにあった国土を、有力な家々（権門勢家）が荘園に分割して私的に所有するところにその特色があった。ひとたび成立した荘園は、それぞれの家を単位として相伝されていくことになったが、やがて問題が生じるに至る。複数の子女に対して所領や職《しき》（家に伝わる利益を伴う職務）を繰り返し分割譲渡していった結果、その分散化が進行し、貴族層を中心に家としての弱体化が目立つようになるのである。

庶子への分割相続に起因する所領の解体は、武士の家でも鎌倉時代の後半には顕著となった。これに対し幕府は繰り返し御家人《ごけにん》保護政策を打ち出した。また武士自身も庶子による分割相続から長子単独相続へと相続の方法を変更することによって、この危機を打開しようとした。だが蒙古襲来に備えた負担の増大は、御家人層をいっそうの窮乏へと駆り立てていくのである。

追い込まれた者たちの間では、限られたパイの取り分をめぐって、激しい利益の奪い合いが生じた。権門勢家の内部や権門同士で相続をめぐる争いが頻発する一方、武士による荘園侵略も相次いだ。武士や寺社にとっては蒙古の襲来も国難というよりは、手柄を立てて恩賞をえることによって直面する問題を一挙に解決できる、自身にとっての千載一遇の好機と見えたのである。

近現代の国家でも内部の矛盾や対立を隠蔽《いんぺい》するためによく使われる手段は、愛国心の強要と外部に敵を想定することである。前述の状況下で説かれた神国の論理は、内部にさまざまな問題と矛盾を抱えていた日本の現実を「神国」と規定して蒙古に対峙させることによって、そのきしみと裂け目を覆い隠そうとするものだった。他方、あらゆる階層の人々に迫り来る国家的危機に対する自覚を促し、個人的な利害を超えた「神国」の構成員として、その克服へと動員しようとするものだったのである。

4　イデオロギーとしての神国思想

国内事情から生起した神国思想

私たちはこれまで、寺社の強訴、いわゆる鎌倉新仏教の排撃、蒙古襲来という三つの事件に即して、神国思想がどのような文脈で説かれたかをみてきた。これまで中世における神国思想の高揚は対外危機、とりわけ蒙古襲来との関わりで論じられることが多かった。すなわち、異国の来寇という未曾有の体験が日本人に自国の独自性への関心や「愛国心」を目覚めさせ、神国の意識を高めさせたという形で説明がなされてきたのである。

しかし、これまで述べてきたことからも明らかなように、中世での神国思想の浮上は決して蒙古襲来を起点とするものではなかった。意外に知られていないことではあるが、すでに蒙古の危機に先行する院政期や鎌倉前期にも、日本＝神国が集中的に説かれていた。そしてそこでは、「神国」が対外的な要因とほとんど無関係に強調されている。寺社の横暴を非難しその沈静化を願う宣命や、念仏の非法を糾弾する奏状をいかに読み込んでも、日本が神国であることのアピールが特定の外国を意識してなされた形跡をうかがうことはできない。私たちはもはや神国思想が高揚する少なくとも第一の原因を、日本の置かれた当時の国際情勢に求めることはできないのである。

そうであるとすれば、私たちはその背景をどこに見出せばいいのであろうか。この問題を解く手がかりは、先に挙げた三つの事件がいずれも中世国家を構成する個別の権力＝権門内部で完結する問題ではなく、国家秩序そのものの存亡を根底から問うような重大事件だったことにあるように思われる。

国家の危機と神国

まず寺社の強訴や争論について考えてみよう。

寺社勢力の横暴は、延暦寺・興福寺などの宗教権門と朝廷との抜き差しならない緊張関係を生み出した。また宗教権門同士の武力衝突と焼き討ちを引き起こした。これらの事件はいずれもその当事者が国家権力の構成者であっただけに、一歩処理を誤れば国家体制そのものの崩壊に直結しかねない大問題であった。

しかも仁義なき紛争の主役である寺社権門は、元来、中世国家全体の精神的な支柱であるべき存在だった。そうした役割を担うはずの有力寺社が自己の私的利害のみにもとづいて行動し、みずから率先して社会の混乱を招いているだけに、ことはいっそう深刻だった。そのため、寺社勢力をいかにして制御し、それを再編成して支配体制の枠内に組み入れるかは、中世成立期の国家権力にとって最重要の課題となったのである。

次に専修念仏をはじめとする宗教界の異端勢力の勃興は、その思想が伝統的な神仏―垂迹の権威を否定し、支配イデオロギーの核心をなしていた伝統仏教の役割を無力化するものであったために、これもまた国家秩序を根底から突き崩す危険性を孕んでいた。院政期において相互にあれだけ激しいバトルを繰り広げていた権門寺社が、専修念仏という共通の敵が出現すると直ちに争いを停止し、手を携《たずさ》えてその弾圧に乗り出すという構図は、そうした背景を抜きにして理解することができない。

しかも寺社勢力は専修念仏に「国家の敵」というレッテルを貼り、国家権力までを動員してその根絶を図ろうとした。その際「神国」は、垂迹の権威に依拠する伝統仏教側が利害を超えて手を結ぶためのスローガンとなったのである。

蒙古襲来が支配層を構成する公武政権・権門寺社いずれにとっても危機と受け止められた

であろうことは説明するまでもなかろう。朝廷や幕府が寺社に命じて実施した祈禱の数、あるいは神社への奉幣《ほうへい》の量を見ても、彼らが受けた衝撃のほどを推し量ることができる。蒙古による日本占領という未曾有の危機に直面したとき、もはや権門内部や権門同士の抗争などコップの中の嵐にすぎなかった。ここでもまた支配層の再結集を図るべく、神国日本が強調されていくのである。

イデオロギーとしての神国思想

中世に説かれた神国思想は本来、日本を仏の垂迹たる神々の鎮座する聖地と見る宗教思想であった。それは、仏教の定着と本地垂迹説の浸透の上に花開いた思想だった。しかし、それが支配勢力総体の危機＝「国家大事」に際して、支配権力の側において執拗に力説されている事実を見るとき、宗教という枠を越えて政治イデオロギーの役割を担わされていたことが理解できよう。

すべての権力が天皇に一元的に収斂《しゅうれん》していく古代の場合とは異なり、中世社会の特色は権力の分散と多元化にあった。

中世にももちろん天皇は存在したが、公家《くげ》政権において実質的な権力を握っていたのは退位した天皇＝院（上皇）だった。他方、鎌倉には政治的な実力からすれば公家政権を凌《しの》ぐほどの力をもった武家政権が存在した。そしてそこでも、天皇―上皇の二重構造をもった公家側と同様、将軍―執権《しっけん》の二重構造が形成されていたのである。

中世の研究者が「中世王権とは何か」といった疑問に容易に答えることができない原因は、この権力構造の複雑さにあった。いまなお学界では中世国家に対するイメージが分裂したままなのであり、「国王」がだれかという質問にすら明確な解答が出せない状況なのである。

そうしたなかで、中世国家論として研究者の間でもっとも広い支持を集めている説に、黒《くろ》田俊雄《だとしお》氏の「権門体制論」がある。公武権力をはじめ、摂関家・大寺社といった権門勢家が国家の公権を分割領有しながら、総体として民衆支配を行っていたとする見解である。

天皇家は国王を輩出する家であり、寺社は国家のイデオロギー部門を担当していた。鎌倉幕府も独立した王権ではなく、国家のいわば軍事・警察部門の担い手だった。――黒田氏のいう「権門総体による民衆支配」をそのまま認めるかどうかは別として、中世という時代が独自の権力基盤をもつ権門勢家によって主導されるきわめて分権的な社会であることは、大方の見方の一致するところであろう。

神国思想の機能

そうした多元的な権力から構成される社会であるだけに、支配権力の担い手としての諸権門をいかに融和させるかという問題は、中世国家にとって常に最重要の課題となった。権門同士がどこまでも自己の利害を追求していけば、社会が際限のない無秩序に陥ることは目に見えているからである。それは結局は国家そのものの解体に結びつくものだった。

諸勢力の融和という役割を担ったのが伝統仏教とその宗教思想だった。権門寺社は国家の主催する北京三会《ほっきょうさんえ》などの法会において護国の祈禱を行う一方、王権に対して即位灌頂《そくいかんじょう》や王権神授説《おうけんしんじゅせつ》などの支配正当化の論理を提供した。そして、神国思想もまたそうした機能を担うべく、中世国家体制を正当化するための宗教イデオロギーとして支配権力側から説き出されたものと推定されるのである。

すでに見てきたように、神国思想が強調されたのは個別の権門が危機に陥ったときではなく、国家秩序全体の屋台骨を揺るがすような事件が起きたときに限られていた。その際、神国思想が常に支配権力の側から主張されたことも見逃すことはできない。中世の神国思想はそのイデオロギーとしての側面においては、権門領主が国家権力を分掌《ぶんしょう》して併存していた中世にあって、国家的秩序総体が解体の危機に瀕したとき、諸権門にその点を自覚させ国家権力の構成者としての自己の位置を再確認させようとするものだった。そしてその上で、問題解決に向けての協調を促す役割を担うものだったのである。

中世の神国思想は、社領の本源的主権者・守護者である自立した神の観念を前提としながらも、個別の神の問題ではなかった。すべての神々が国家を守護するという、あくまで神々総体に関わる理念だった。またそれらの神々の加護も特定の権門や権力者ではなく、諸権門によって構成される支配秩序総体に向けられていた。これも神国思想が負わされた、国家イデオロギーとしての機能に対応するものだったと考えられる。

神国と神土

ただし中世、特にその前期の段階では、被支配層に直接働きかける支配イデオロギーとしての役割は、神国思想にとって二義的な課題でしかなかった。

これまでたびたび、「神国思想は中世国家の正統支配イデオロギー」であるという言い方がされてきた。またその前提として神国思想が実際に民衆の間に浸透し、その意識を規定していたことを指摘する研究も存在する。だが、ある思想が広く見られることと、それが支配階層によって一定方向に動員されることは、まったく次元の異なる問題である。

私の見るところによれば、中世において民衆を直接支配する上での中心理念は、荘園を神仏の支配する聖なる土地であるとする「仏土」「神領」の論理だった。この論理こそが中世の民衆の意識を呪縛し、荘園制支配の枠のなかにからめ捕る役割を果たしていた。国家イデオロギーとしての神国思想は、個別の仏神—垂迹を表に立てて支配を行っていた支配権力が、一権門単独では解決できない難問に直面したり、体制総体に関わる危機に遭遇したりしたときに浮上し、権門内部の融和と協調を促す役割を担ったのである。

5　中世的神国思想の観念性

朝鮮の欠落

中世の神国思想の抽象的性格は、それが実際の海外交渉に根ざしたものではなく、支配階層の危機意識の反映だったことによるものと考えられる。しかもその背景にある仏教的世界観自体が、きわめて観念的性格の強いものだった。神国思想は二重の意味で抽象的なものとならざるをえない宿命を負っていたのである。

前章で述べた、三国世界という広がりのなかで神国日本を捉える視点も、観念世界の所産という側面を多分に残していた。まず三国史観では、古代から中世にかけて日本仏教に大きな影響を及ぼし続けた朝鮮半島が欠落していた。また、インド・中国・日本というのはあくまで観念的な枠組みであって、他方ではそれを超えた地域ごとの交流圏が形成されつつあった。

朝鮮との関係についていえば、最初の仏教の公伝が朝鮮半島の百済《くだら》からであったことにも知られるように、日本仏教の展開は朝鮮仏教との関係を抜きにしては論ずることができない。膨大な数の朝鮮系渡来人は古代仏教の中心的な担い手そのものであった。

そうした影響関係は、中世においても継承された。明恵上人高弁は七世紀ごろの新羅《しらぎ》の華《け》厳《ごん》の学匠、義湘《ぎしょう》と元暁《がんぎょう》の伝記を描いた「義湘絵」「元暁絵」を作成したが、これらは『華厳《けごん》宗祖師絵伝《しゅうそしえでん》』として現在高山寺《こうさんじ》に収められている。東大寺に対抗して独自の教学を打ち立てようとした高弁は、その視線を朝鮮仏教へと向けることになったのである。また、蒙古調伏を祈って高麗《こうらい》の高宗《こうそう》王の時代に開版された高麗版大蔵経《だいぞうきょう》は、日本側の垂涎《すいぜん》の的であり、以後、幾度かにわたって日本へと寄贈された。

三国思想ではこうした実際の交渉は、すべて無視されることになったのである。

環日本海交流圏の形成

中世では、国家レベルとは次元を異《こと》にする地域交流圏の往来も活発化していた。一三世紀には、日本と大陸を結ぶ南北二つの水上交通路が存在したことが知られている。北方についていえば、蝦夷地《えぞち》（北海道）とカラフト・大陸との交通は早くから開けていた。一三世紀後半に蒙古のカラフト遠征が行われると、それを契機に物資の交流が活発化した。その主役となったのが、津軽半島の十三湊《とさみなと》を本拠地とする安東《あんどう》氏である。義経《よしつね》や日蓮の高弟である日持《にちじ》といった人物の大陸渡航伝説は、そうした北方との交易の日常化を背景として生まれたものであった。

他方、南方の交流圏は琉球《りゅうきゅう》を中心に日本・朝鮮・中国を結びつけるものであり、いわゆる倭寇《わこう》世界とよばれている地域である。このルートはこれらの世界で完結することなく、さらに南へと延びて東南アジア諸国とつながるものだったのである。

中国との直接的な交渉も相変わらず盛んだった。遣唐使の派遣が停止されて以来、国家レベルでの日本と中国の交流は廃絶したが、日中間の貿易はむしろ中世に入って盛んになった。この交易を通じて、日本には宋版とよばれる大蔵経や銅銭・陶磁器をはじめとする膨大な文物がもたらされ、人的交流が進められた。宋代に入ると中国では禅が興隆したが、入宋《にっそう》僧によってそれが日本へと移入され、公武の庇護のもとに京都や鎌倉には巨刹《きよさつ》が相次いで建立された。宋学（朱子学）とよばれる儒学界の新風も伝えられた。また宋代の建築技術は、平家の焼き討ち（一一八〇年）から再建される過程で、南都（奈良）の寺院に多大な影響を及ぼした。

室町時代には遣明船による明との間で国家的レベルの貿易も復活する一方、朝鮮との間でも諸大名らによる多元的な交流が進み、大陸との交渉は最盛期を迎えた。中国語に通じた五《ご》山《さん》の禅僧は、外交使節として通訳や接待に活躍した。

中世の「神国」や「三国」の理念がもつ日本を超えた広がりは、こうした活発な国際交流と無縁ではなかった。実際に中国や天竺《てんじく》を目指した数多くの僧がいた。けれどもその成立の基本的条件に規定されて、現実から乖離《かいり》した抽象的な思弁の域を超えることはできなかったのである。

第五章　疎外される天皇

神国といえば「天皇の君臨する国」というイメージが強い。確かに古代では、天皇はまぎれもなく神国思想の中核的要素だった。しかし、中世の神国思想になると、天皇の存在感は意外に希薄である。天皇の安泰が神国思想鼓《こ》吹《すい》の目的だった古代とは異なり、中世では天皇は神国維持の手段と化していた。神国にふさわしくない天皇は速やかにご退場いただく、というのが当時の支配層の共通認識だった。

1　神から人へ

天皇の権威をめぐって

神国思想に対して現代人が抱く共通のイメージとして、「天皇」と「ナショナリズム」があることは序章で述べた。このうちナショナリズムの問題については、本地垂迹《ほんじすいじゃく》思想や三国世界観などと関連づけながらすでに考えてきた。しかし、もう一つの側面として注目された神孫為君《しんそんいくん》――神孫としての天皇の君臨――については、これまで十分な説明をしてこなかった。神国思想といえばまず天皇の存在を思い浮かべるのが、今日でも一般的な反応であろう。天皇は神国思想のなかにどのように位置づけられるのであろうか。

神国思想と天皇の関係を考える前提として、まず古代から中世にかけての天皇制そのものの実態と、その変化を概観してみることにしよう。

かつて古代の天皇は国家の唯一の代表者であるとともに、「現御神《あきつみかみ》」として人々の上に君臨する存在だった。この天皇を支えるために、大嘗祭《だいじょうさい》をはじめとして、天皇が神としての衣装を身に着けるための舞台装置が幾重にも設けられた（第一章1節参照）。

一〇世紀を転機とする古代律令国家の解体は、そうした天皇のあり方にも決定的な転換をもたらすことになった。それまで至高の元首として全国土に君臨してきた天皇は、この時期を境としてしだいに政治的な実権を喪失した。そしてそれ以降、天皇に代わって権力を掌握したのが摂関家であり、院・武家であった。摂関政治、院政といった新しいタイプの政治体制が展開していくのである。

しかし、政治権力の失墜にもかかわらず、天皇は中世を通じて形式的には一貫して最高次の統治権能の保有者＝「国王」とみなされていた。国政の実権から疎外された中世の天皇が、形式上とはいえなぜ日本の国王であり続けることができたのであろうか。この疑問に答える形で浮上してきたものが、天皇の「権威」の問題である。すなわち、政治的に無力な天皇がついに国王の地位を追われることがなかったのは、他のいかなる権力も代替できない独自の権威を天皇が帯びていたことに原因があると考えられたのである。

天皇は天皇霊の容器

中世の天皇が担った権威とはいったいなにか。これについてはさまざまな説があるが、近年注目されているのは宗教的な権威である。中世の天皇はある意味では、現御神であった古代の天皇以上に濃厚な宗教性と神秘性を身にまとっていたことが指摘されているのである。

その宗教性がなにに由来するかについては、現在のところ二つの有力な仮説が存在する。そのうちの一つは、古代から近代に至るまでの天皇に、変わることのない連続した宗教的権威を見出そうとするものである。その際、天皇に権威を付与するもっとも重要な儀式として注目されているものが大嘗祭だった。

こうした視点からの原点ともいうべき研究が、著名な民俗学者である折口信夫《おりくちしのぶ》氏によって昭和三年（一九二八）に発表された「大嘗祭の本義」である。折口氏は大嘗祭の舞台となる悠紀殿《ゆきでん》・主基殿《すきでん》に寝所が設けられている点に着目する。その上で、これを天孫降臨《てんそんこうりん》の折に皇孫ニニギノミコトがくるまっていた真床襲衾《まどこおふすま》であると解釈した。大嘗祭の秘儀とは、折口氏によれば、新天皇がこの寝床に引き籠って物忌みをすることによって、新たに「天皇霊」を身に付ける行為にほかならなかった。いわば「魂の容れ物」である天皇の身体が、物忌みの儀式を通じて皇祖天照大神《あまてらすおおみかみ》のマナである天皇霊によって満たされたとき、天皇ははじめて天皇としての聖なる資格をえることができるとされたのである。

天皇のもつ霊威の背後に天皇霊を見ようとする折口説は、天皇霊という言葉自体のもつ衝撃的な響きと相まって、以後、今日に至るまで、天皇研究に決定的な影響を及ぼすことになる。

仏に変身する天皇

天皇制が存続していく背景に、古代から現代まで一貫する宗教的・観念的権威の存在を見出す折口のような視点に対して、もう一つの立場がある。天皇が本質的には権威としての存在であることを認めるとしても、その権威が時代ごとに新たな装いをもって現れたことを重視するものである。天皇の権威の歴史的変遷に着目する研究は、おもに中世の天皇を素材として歴史学者の手によって進められることになった。

この立場からの代表的な研究として、即位灌頂《そくいかんじょう》に関するものが挙げられる。即位灌頂とは天皇が即位するにあたって、手に印を結び口に真言《しんごん》を唱えるという儀式を行うものである。中世にはこうした仏教色の強い儀式が実修されていたのである。この即位灌頂の目的は、天皇がもっとも根源的な仏である大日如来《だいにちにょらい》に変身することにあることが指摘されている。即位灌頂を通じて、天皇はあらゆる神仏、すべての宗教的権威を超越する至高の存在へと上昇していくのである。

かつて仏教は、護国の法として天皇の身体を外側から守護するものであった。神国の主である天皇がみずから仏法を修することは、原則として決して許されない行為だった。それが中世に入ると、仏教は天皇自身の実践を通じてその身体内部に深く食い入り、天皇の存在を内側から神秘化する役割を果たすようになったのである。

このほかにも、中世における天皇の聖化の作法をめぐってはさまざまな指摘がある。いまや私たちは中世の天皇について、濃密な儀礼・作法やタブーで幾重にも取り巻かれ、外界とは隔絶した御所の内にひっそりと清浄を守る聖別された存在、というイメージを共有するに至っているのである。

現御神の地位からの転落

しかし、古代的天皇から中世的なそれへの転換については、これまで述べてきたような説とは真っ向から対立するように見える別の図式も存在する。

益田勝実《ますだかつみ》氏は、摂関・院政期になると天皇がさまざまなタブーによる緊縛から解き放たれて、神秘性を失ってしまうことを指摘する。それを受けて石井進《いしいすすむ》氏は、院政期に入ると院にまつわる多くの人間的なエピソードが語られ、また天皇・院への仮借なき批判が寄せられるようになる点を強調した。そしてそこに、院・天皇個人のタブーやマギーからの解放の始まりと、「神」から「人」への転換の動きを見出すことができると述べる。現人神《あらひとがみ》としての地位からの転落に中世の天皇の特質を見ようとする点において、このタイプの天皇論の視点は、装いを変えた新たな「神」として中世の天皇を捉えようとする今日の研究の主流とは対照的である。けれども実際に中世の文献から天皇にまつわる言辞を拾い出していくとき、この図式に適合するように見える資料は意外に多く存在するのである。

堀河《ほりかわ》天皇の寵愛をえた藤原長子《ふじわらのながこ》には、『讃岐典侍日記《さぬきのすけにっき》』とよばれる日記が残されている。そこには、死に直面した堀河天皇の姿が生々しい筆致で描き出されている。天皇は臨終の間際まで悶《もだ》え苦しみ、念仏や神仏の名前を称えてはその力にすがろうとした。その姿は、あらゆる虚飾と権威をかなぐり捨てた一介の人間そのものである。この堀河天皇については、後にはその誕生からして山門の仏法の力によるものであるという風聞が、まことしやかに語り伝えられることになった。

かつて古代の天皇は、みずから神として人々の上に君臨していた。天皇は神国の主人公であり、神仏と等しい権威を帯びた聖なる存在であった。ところが典侍長子の眼に映った天皇は、神仏の力を頼み、その力を借りなければ位も命も保つことができないまことに危うい存在だった。ここでは天皇は、より高次の超越者によってその命運が規定される二次的権威と化しているのである。

罰を受ける天皇

神仏の加護なくして存立しえない天皇という観念は、讃岐典侍の日記を介して垣間見られる秘密めいた後宮世界だけのものではなかった。そうした天皇観は説話や伝承を通じて広く中世の人々の間に浸透し、その共有理念となっていた。

白河《しらかわ》院の皇子である堀河天皇の誕生が、山門延暦寺《えんりゃくじ》の法力によるものであるという風聞があったことは先に述べた。白河院はそれ以前にも三井寺《みいでら》の頼豪《らいごう》を頼んで世継ぎの出生を祈ったことがあった。祈禱は功を奏し、無事敦文《あつふみ》親王を得ることができた。ところが白河院が、報償として約束していた三井寺への戒壇建立を反故《ほご》にしたことから、怒り狂った頼豪はせっかく誕生した親王を呪殺してしまうのである。堀河誕生は、その後を受けた山門の祈禱の結果であった。天皇の後継者の生誕や死去さえもが、神仏の力によっていとも簡単に左右されてしまうと考えられていたのである。

これらは即位以前の皇子誕生をめぐる伝説だが、在位中の天皇・院自身が超越者の力によって失脚や死去に追い込まれるという説話や主張も、決して珍しいものではなかった。たとえば、後冷泉《ごれいぜい》院と後三条《ごさんじょう》院の病没はいずれも他人の呪詛《じゅそ》に原因があるとされた。また、安徳《あんとく》が平家とともに壇《だん》ノ浦《うら》に沈んだことや、承久《じょうきゅう》の乱における後鳥羽《ごとば》の敗北と三上皇配流《はいる》も、仏法に敵対した罰であるとする説が公然と主張されていた。

『太平記《たいへいき》』には、崇徳《すとく》・淳仁《じゅんにん》・後鳥羽ら歴代の天皇が「悪魔の棟梁」となり、世を混乱に陥

「善光寺如来絵伝（部分）」（満性寺）

れる相談をしている様子が描き出されている。皇極《こうぎょく》・醍醐《だいご》の両天皇が死後、地獄で責め苦にあえいでいるという話も、説話や絵巻の形で広く世に流布していた（上の写真では、皇極天皇が地獄で責めを受ける様子が描かれている）。中世社会においては歴代のほとんどすべての天皇について、仏神の罰や祟りを蒙《こうむ》ったというネガティブな噂が存在したのである。

天皇や院を破滅や死去に追い込んだ超越的存在の正体は、それぞれのケースによって異なる。しかし、この現実世界の背後に人知を超えた巨大な超越者の意思が存在し、それに反した場合には神孫である天皇ですら失脚や滅亡を逃れることはできないという理念を前提とする点で、これらの説話や主張の立場は共通している。序章で触れた、徳治主義の立場からの天皇批判も、天という絶対的存在を仲立ちとする点において同じスタンスに立つものといえよう。

現人神としての天皇を超えるより高次の宗教的権威が措定され、その前に天皇がひとりの人間として相対化されていくところに、私たちは天皇が即時的な神聖性を喪失する中世的な天皇観を見出すことができる。現御神として太陽のごとくみずから聖なる光を放つことのできた古代の天皇に対し、中世の天皇はあたかも月のように、外から超越者の光線を浴びてはじめて照り輝く存在となったのである。

2 「裸の王様」としての天皇

現人神から仏法聖主へ

中世においては、天皇の新たな権威づけが模索される一方、その脱神秘化が進行していた。もしそうだとすれば、私たちの次の課題は、そうした矛盾する現象をいかに統一的に解釈しその歴史的意味を明らかにするかという点であろう。この問題を考えるとき、即位灌頂をはじめとする新たな儀礼が、古代的権威＝現人神としての神秘的存在からの凋落という現実を前にして、その危機を克服するために生み出されたものであることは容易に想像がつく。

平安時代の後半には、天皇はもはや他の人間から隔絶した聖なる存在ではなかった。天皇は神仏によって支えられ、その命運を左右される存在と化していた。そうした状況のもとで、国王としての天皇の存在を正当化するためには、時代にふさわしい新たな論理と儀礼を構築することが不可欠だった。その際、現世的権威を凌《しの》ぐ超越者（仏など）の存在が広く認められていた中世では、天皇もまたそうした超越的存在との関係において、みずからの地位の正当性を主張せざるをえなかった。自身が担う「内的な」権威でもって君臨できた古代の天皇に対し、中世の天皇は仏法などの「外的な」権威の力を借りることなしに、もはやその地位をまっとうすることができなかったのである。

外的権威との提携の模索は、必然的に中世の宗教界で圧倒的な位置を占めていた仏教へと目を向けさせることになった。即位灌頂をはじめとするさまざまな天皇聖化の仕組みは、こうした課題に応えるために形成された王権正当化の論理だったのである。

即位灌頂の限界

けれども、天皇の宗教的権威を考えるにあたってより重要な問題は、前述した天皇の権威再生の試みが、同時代の思想状況のなかで人々にどのように受け止められたのかという点ではなかろうか。率直にいって、私はそうした儀式や理念のもつ客観的な有効性にはかなり疑問を抱いている。

たとえば天皇が宇宙のもっとも根源的な仏である大日如来に変身するという即位灌頂について考えてみよう。中世的な天皇神秘化の儀式として、現在もっとも注目されているものである。即位灌頂に論及する大方の研究者は、天皇＝大日如来の理念がそのまま当時の人々に受け容れられ、その天皇鑽仰《さんぎょう》の念を高揚させる役割を果たしていたと考えているようである。

しかし、天皇の失脚・夭折《ようせつ》・堕地獄があたりまえのように語られていた中世にあって、天皇が究極の聖なる存在と化すというその理念は、いったいどれほどの呪縛力をもっていたであろうか。天皇の神秘化の試みが成功していたとすれば、天皇をめぐるあのような仮借なき言説は生まれるはずがなかったのではなかろうか。

この点に関連して、もう一つ考慮しなければならない要素がある。それは日本の中世ではさまざまな文献や教説において、大日如来と人間が一体の存在であることが繰り返し強調されていたことである。当時の理解からすれば、大日如来は絶対者などではなく、すべての人間に等しく内在する悟りの本性を擬人的に表現したものにほかならなかった。人間と隔絶した絶対者、どこか別世界にいる救済者とは考えられていなかったのである。そうした思想状況のなかで、大日如来に変身することにいったいどのような意味があったというのであろうか。

このように見てきたとき、天皇が大日如来に変身するという即位灌頂の理念の限界は、いよいよ明白であろう。

秘匿された儀礼

私はここまで、天皇に権威を付与する儀式として注目されている即位灌頂が、その実際の効力において決定的な限界をもつものだったことを論じた。だがよく考えてみると、中世の天皇は必ずしも積極的に民衆の前に神聖不可侵の姿を示そうとしていたとは思えないふしがある。そもそも、即位灌頂が歴代の天皇によって確実に親修《しんしゅう》されていたことを示す証拠すら存在しないのである。

その理由は、この儀式が秘儀とされて関与者が限定された上、それをめぐる言説が「口《く》伝《でん》」（口頭での伝授）として断片的な形でしか現れてこないからである。天皇が即位灌頂によって大日如来に変身するのであれば、なぜそれが厳重な秘儀のなかに封じ込められなければならないのであろうか。人々に根本の仏として再生した天皇の宗教的権威を印象づけるためには、近代の大嘗祭のように儀式の中身は秘匿されても、その儀式そのものの存在はあらゆる媒体を通じて宣伝される必要がある。ところが上級貴族や高僧以外の人々は、即位灌頂という儀式の存在すら知る由もなかったのである。

即位灌頂をはじめとして中世に創始された天皇聖化の言説や儀礼は、そもそも一般民衆を念頭に置いたものではなかったのではないか。そうであるとすれば、中世における天皇の神秘化はなにを目的としてなされたものだったのであろうか。

この疑問に答えるためには、天皇が中世の権力構造全体のなかでどのような位置を占め、いかなる役割を担っていたかを探ってみる必要がある。

3　神国のなかの天皇

神国維持の手段としての天皇

古代の律令制度のもとでは、天皇はその支配体制の最高位に位置づけられていた。法律＝律令に縛られることなく、逆に律令の実効性に根拠を与える究極の権威だった。そこでは天皇は国家の唯一の代表者として、自己の保身を究極の目的としていた。

その目的を貫くためには、天皇はあらゆる権力と権威を動員することを厭《いと》わなかった。神国思想もまた、この目的実現の手段だった。古代の神国思想は天皇の存在を前提とし、その存続を正当化すること以外に、その役割はありえなかった。神国とは神孫―現御神としての天皇の君臨する国であり、神々が守るべき国家とは在位中の天皇にほかならなかったのである。

しかし、古代から中世への転換を経て、天皇の役割は一変する。律令制に組み込まれていた国家的寺社（官寺・官社）は、令制のシステムが機能を失うにつれてそこからの離脱を開始し、自立した荘園《しょうえん》領主＝権門寺社への道を歩み始める。他方、古代から中世荘園制社会への移行の過程で、天皇は至上の権力と権威を併せもった全国土の支配者・国家の唯一の代表者から、その社会的基盤の次元においては、独自の荘園群を保有する天皇家という一権門の代表へと滑り落ちた。権門という点からすれば、天皇家も巨大寺院も同格の存在にほかならなかった。

天皇はもはや国家そのものではなく、支配体制（荘園制支配）維持のために、国家を構成する諸権力によって祀り上げられた存在だった。より端的にいえば、中世の天皇は国家体制を維持するための非人格的な機関であり、手段にすぎなかった。中世になると天皇の行うべき作法を細かに記した『禁秘抄《きんぴしょう》』などの儀式書が作られるようになる。天皇は蓄積された故実（先例）と作法にのっとり、国王としての形式的な役割を忠実に履行することだけを求められたのである。

幼童天皇の時代

中世の天皇は幼少にして即位し、元服前には位を降りることが一般化していた。「幼童天皇」とよばれる現象である。たとえば一二世紀後半に続けて即位する六条《ろくじょう》・高倉《たかくら》・安徳各天皇の即位年齢は、それぞれ二歳、八歳、三歳だった。なぜ幼童天皇が生まれたのかという問題については、さまざまな解釈が存在する。ただしその背景に、天皇位の形式化の進行があったことは疑いない。いまや判断力のない幼児でさえもが、天皇位に即《つ》くことが可能となったのである。

中世の神国思想でも、神々は国家を守護する存在と規定されていた。だがその「国家」とは天皇そのものではなかった。天皇が国家存続の手段と化した中世では、神々が守護すべき国家とは、天皇をその歯車の一つとして組み込んだ支配体制全体を指すものだったのである。

ただし、中世の天皇が形式化し、二次的権威化した存在だったとしても、分権化の進行する時代にあって諸権門の求心力の焦点としての役割を果たすためには、ある程度、聖別された姿をとることがぜひとも必要だった。とくに体制総体が動揺したり危機にさらされたりした場合、天皇は支配秩序の体現者として、大衆の前に神聖なる外観を示すことが求められた。権門寺社同士の相論がピークを迎える院政期に天皇の存在を表に立てた神国思想が高揚し、神孫の君臨や神々の国土擁護が強調されるのは、そうした歴史的文脈において捉えられるべき現象であろう。そしてそれ以降も、神孫としての天皇を戴《いただ》く神国日本の理念は、支配秩序全体に関わる危機が到来するたびごとに浮上することになるのである。

追放された天皇たち

中世の天皇の聖化を考える場合、一つ見逃してはならないことがある。古代の天皇の場合、天皇が神孫であることがとりもなおさず「現人神」としての天皇個人の聖化と絶対化に直結していた。ところが中世の神孫為君の論理は、国王としての天皇の正統性を支持するものではあっても、その位にある個別の天皇を即時的に神秘化するものではなかった。つまり中世の神孫為君説は、神孫であることが国王＝天皇となる基礎資格であり、そのことが決定的に重要であることを説いても、在位中の天皇が終生その位にあることを決して保証するものではなかったのである。

それは天皇の観念的権威の高揚が、古代のように個々の天皇自身の長久《ちようきゆう》を目的としたものではなく、国家支配の維持のための政治的な手段であったことと密接な関わりをもっていた。中世的な神孫為君の論理では、国王は王家の出身者に限定されてはいたものの、その国王の言動が支配権力総体の意向に沿わない場合は、いつでも首がすげ替えられる余地が残されていた。そもそも中世においては、国家権力の構成員の間では、公卿《くぎよう》には悪しき天皇を交代させる権利があると考えられていたのである。

そのため、天皇が神国の主として人々の前に神聖なる姿を見せていたとしても、ひとたびその天皇が国王としての立場を逸脱したとみなされた場合には、先に見てきたように、より普遍的な視点をもつ仏教や儒教の理念を総動員しての支配権力内部からの仮借なき批判にさらされた。また、「国王としての任務に堪えない極度の暗愚の主」「支配秩序の根本的改変を志向する危険人物」といったレッテルを貼られた天皇に対しては、その交代が公然と主張された。そして以後の天皇が二度とそうした気を起こさないように、当該天皇の失脚や夭折、堕地獄までもが繰り返し公然と語り継がれるのである。

国家の機関としての天皇という地位そのものの正当化と、所与の役割を逸脱する個々の天皇に加えられる仮借なき批判――私たちはここに、体制維持の手段と化した天皇の姿を見ることができる。中世の天皇に対する聖化と相対化の言説の著しい錯綜は、同時期の天皇が置かれていたこうした立場を念頭に置いたときに、はじめてその全体的な意味が理解できるのである。

国家と天皇の分離

いま私は、中世の天皇が国家維持の手段としての性格を深めていたことを指摘したが、それは古代から中世への転換期において広汎に進行していた、「国家」と「国王」の分離ともいうべき現象を前提としたものだった。

古代の神国思想の重要な要素が、神による国家の守護にあったことはすでに述べた通りである。奈良時代に創建される国分寺《こくぶんじ》が「金光明四天王護国之寺《こんこうみょうしてんのうごこく》」とよばれたように、仏教についても「護国」「鎮護国家」に果たすその役割の重要性が認識されていた。

その際、神々や仏法によって守護されるべき「国家」とは、古代においてはとりもなおさず天皇とその身体を指すものにほかならなかった。『日本書紀《にほんしょき》』では、「わが国家《みかど》の、天下に王とましますは」という表現が見られる。「国家」が「みかど」と読まれていたことにもうかがえる通り、国家はその唯一の代表者である天皇そのものを意味する概念だったのである。

ところが、平安時代を通じて神仏に加護される「国家」の意味内容はしだいに変容を見せるようになる。そのなかに天皇以外の「国土」や「人民」といった要素を含有する例が数多く見られるようになる一方、「国家」がより広い支配体制総体を指す概念として用いられるようになるのである。

国家概念総体に占める天皇の地位の低下が、中世に一般化する体制維持の手段としての天皇観の前提となるものであることは明白である。それは他方では、「国家」を国土と人民の安泰の方向に徹底して引きつけることによって、「安国」＝平和な社会を実現できない天皇・国王は失脚しても当然だと主張した、日蓮《にちれん》の立正安国《りつしょうあんこく》思想の基盤ともなったのである。

徳を養う天皇

天皇位の機関化は、他方では天皇個人の資質や資格をめぐる議論を活発化させることになった。

神孫為君の論理は天皇という位を聖化はしても、その位にある個々の天皇を正当化するものではなかった。そのため、鎌倉時代の後期のように皇統が持明院《じみょういん》統と大覚寺《だいかくじ》統に分裂し、常に複数の皇位継承者が競合しているような状況のもとでは、現役の天皇が自分の在位を正当化したり、あるいは天皇経験者＝院がみずからの皇統からの即位を要求したりするためには、神孫為君の論理だけでは不十分だった。

持明院統の花園《はなぞの》上皇は、当時後醍醐《ごだいご》の皇太子となっていたその甥（後の光厳《こうごん》天皇）に与えた『誡太子書』において、「皇胤《こういん》一統」＝神孫為君の論理によりかかることを戒め、国王としての徳を涵養《かんよう》することの重要性を力説している。天皇もまた道徳性を身に付けることが不可欠だった。ただしその道徳性はあくまで個人の振る舞いレベルでの問題であって、天皇自身が徳治主義にもとづく理想の政治を行うなどといったたいそれた野心を抱くことは、絶対に許されなかったのである。

他方、大覚寺統の後醍醐天皇は、天皇位にありながらみずから倒幕の祈禱を行ったとされている。藤沢の清浄光寺《しょうじょうこうじ》にある後醍醐天皇像は、天子としての後醍醐天皇を描くものであるが、袈裟《けさ》を着け手には密教の法具を持った姿になっている。すでに述べたように、古代には在位中の天皇が仏教に接触することはタブーだった。しかし、後醍醐は天皇としての自分の立場を強化するために、躊躇《ちゅうちょ》なく仏教のパワーを利用しようとするのである。

私の見るところによれば、中世における即位灌頂の導入も一般的な天皇神秘化の儀式などではなく、特定の皇統による自己正当化の試みの系譜の中で捉えるべきものだった。即位灌頂との関わりをうかがわせる表現が史料上に現れる伏見《ふしみ》・花園・後小松《ごこまつ》らの諸院は、いずれも両統迭立《てつりつ》や南北朝の分裂のなかで、いかにして自身の、あるいは自己の皇統からの即位を意義づけるか、という深刻な問題に直面していた。そうした状況のもとで、彼らは自流を正当化すべくさまざまな方策を試みた。即位灌頂もその一つにほかならない。

その際、即位灌頂をめぐる言説は、必然的に不特定多数の大衆ではなく、即位者決定のキャスティングボートを握る権力者集団——朝廷内部に向けて発せられることになったのである。

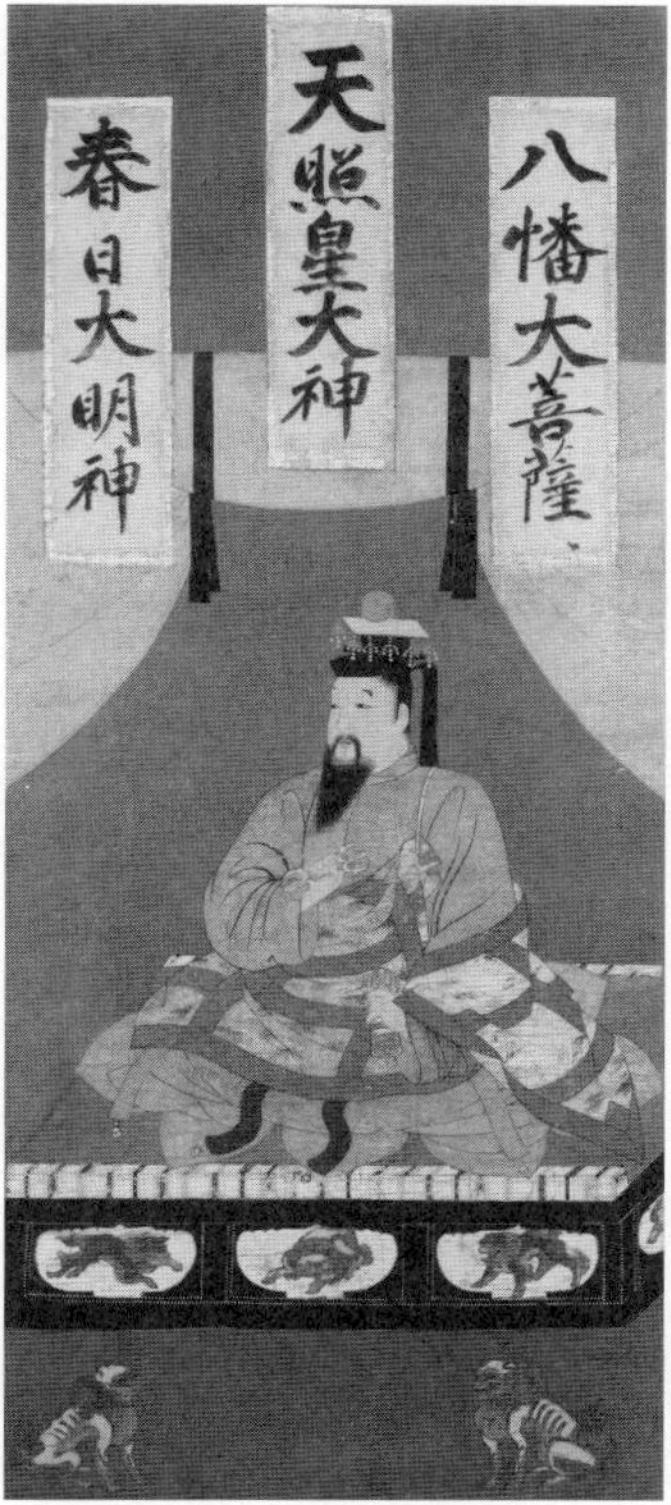

後醍醐天皇像（清浄光寺）

4　なぜ天皇が必要とされたか

顕密仏教と天皇

私はこれまで、中世では天皇位が国家体制存続の手段化されていたこと、それに伴い、あらかじめ与えられた役割を逸脱する天皇は交代されても当然という共通認識が形成されていたこと、を指摘した。しかし、天皇のもつ権威の相対化にもかかわらず、神孫為君という原則と制度としての天皇位そのものが否定されることは決してなかった。

蘇我馬子《そがのうまこ》の崇峻《すしゅん》天皇殺害を是認していた『愚管抄《ぐかんしょう》』も、他方では「日本国の習いとして、国王種姓の系譜に属さない人物を国王にはしないと、神の世より定めた国」と語っている。天皇の権威を超えるより高次の宗教的権威の存在を認める立場に立ち、そこから激しく個々の天皇を批判したとしても、天皇という存在が日本の支配秩序の頂点にあるという一点については、いささかも疑問視されていないのである。

それは、徳治論の立場からの天皇批判についても同様であった。『神皇正統記《じんのうしょうとうき》』の、「わが国では王種が交代することはないが、政治が乱れた場合には久しく世を保つことができず、継体も断絶する」という言葉がそれを端的に示している。「王種」＝皇統の交代は最初から想定外だった。異姓による王朝の奪取（易姓《えきせい》革命）は認められていなかったのである。

仏神や因果の理法、天といった超越的権威の前では、天皇は本来一個の人間として他の人々と同列の存在でしかなかったはずである。また支配者という観点から見れば、武家政権の長と同じレベルに位置づけられるはずである。にもかかわらず、天皇の存在そのものを全面的に否定し別の政体への移行を認める論理は、なぜ出現することがなかったのであろうか。

国王の家

その一つの理由として、国家権力を構成する摂関家も武家も寺社も、いかにその権威が低下したとはいえ、神代以来の伝統と貴種を誇る天皇に代わるだけの支配権力結集の核を、容易に発見できなかった点が挙げられる。

中世では、国家権力を構成するそれぞれの権門勢家は自立した荘園領主であると同時に、支配階層の頂点を構成するものとして利害を同じくする立場にあった。そのため、常に支配権力内部でその調整と統合が図られる必要があった。権力の分散が進展する中世社会において、それが進行すればするほど、逆に無政府的な混乱状況の現出を防ぐために、権門同士の調整と支配秩序の維持が重要な課題として浮上することになったのである。

さまざまな権門の間で、国家権力の分掌がなされていたのはそのためだった。そして、制度上国家の頂点に君臨する国王を輩出する家という役割を負わされていたのが天皇家だった。政治的な実権を失ったかに見える天皇がなお国政の頂点に位置し、節会《せちえ》や叙任《じょにん》・除目《じもく》といった国家的な位階秩序の要《かなめ》となる部分を掌握していたのは、単にそれが古代以来の天皇の伝統的職掌だったからではない。そうした位階秩序を必要としていた、支配階層全体の要請によるものであった。権門勢家の間で公的・国家的な役割の分割とその固定化が進む中世では、国王の地位を天皇家固有の家職と見る観念はむしろ強まっていたのである。

したがって天皇位の喪失は、単に天皇家という一つの権門の没落にとどまらず、支配階層全体の求心力の核と、諸権門を位置づけるための座標軸の消失を意味していた。逆にいえば、既存の支配秩序を維持しようとする限り、必然的に国王＝天皇を表に立てざるをえないという構造が作り上げられていた。そして、このような構造のもとでは、天皇の神聖不可侵はその存在の実態とは無関係に、体制の矛盾と危機が強まれば強まるほど、支配権力側によって反動的に強調されなければならなかったのである。国家権力の危機に際して、神国思想が強調された理由はここにあった。

異端仏教の意義

天皇制が存続したもう一つの背景には、天皇の存在を不可欠とする中世固有の思想状況があった。

中世では地上の権威を超える超越的権威（本地仏）の存在が広く承認されていた。天皇でさえもそうした権威と結びつき、それを自己の存在の正当化の源泉としていく必要があったことはすでに指摘した通りである。

こうした思想状況のなかでは、当然のことながら天皇が唯一の正統なる国王である必然性はまったくなかった。つまり、天皇以外の者が直接超越的権威と結びつき、そこから支配の正当性をくみ出すような王権のあり方も存在しえたのである。それはたとえば、ローマカトリックが俗権を聖別する中世ヨーロッパや、天の意志にもとづく易姓革命を是認する中国に見られるようなタイプの王権だった。

さらに注目すべきことは、こうしたタイプの王権の可能性を論じた人物が日本にも実在したことである。鎌倉仏教の祖師の一人、日蓮である。

日蓮にとって唯一至高の存在は仏法であり、それを人格的に体現した釈尊《しゃくそん》という絶対的存在だった。他界としての霊山浄土《りょうぜんじょうど》にいる釈尊は全宇宙の本源的支配者であり、この娑婆《しゃば》世界の王たちは仏法を守護して「安国」を実現するという条件と引き換えに、釈尊の領地の一部を委託されていた。その条件に違反して仏法に敵対したとき、王は宗教的な懲罰を受けて失脚し地獄に堕ちるのであり、日本でも過去にこうした運命をたどった天皇が実在した。

——日蓮はこうした論理を振りかざすことによって天皇の権威を徹底して相対化するとともに、かつての源頼朝《みなもとのよりとも》や北条義時《ほうじようよしとき》のように、一時的にせよ天皇に代わって王位に即いた人物が実際にいたことを公言するのである。

日蓮以外にも、他界にある本仏に絶対的な権威を見出す専修念仏《せんじゅねんぶつ》などからは、こうしたタイプの国王観が提起される可能性が常に存在した。一向一揆《いっこういっき》に見られた「この世の主君よりもあの世の仏」といった論理は、その典型である。三河《みかわ》の徳川《とくがわ》の家臣たちは、一揆の際にこの論理を掲げて家康から離反していった。

これは現実に国王の地位を占めていた天皇家と、人脈においても政治システムにおいてもそれとの運命共同体の関係を築いていた公家《くげ》たちにとっては、体制の全面的な崩壊を招きかねないだけに絶対に認められない選択肢だった。逆に、こうした過激な主張に対抗するためにも、天皇と神国を表に立てなければならなかったのである。

神国を支えた武家政権

それでは、もう一つの支配権力を構成していた武家政権が、天皇に代わって王の地位に即くという選択肢はありえたのだろうか。結論からいえば、それも不可能だった。

公家政権も武家政権も、中世前期においてその共通の存在基盤となっていたものは荘園体制だった。また朝廷と鎌倉幕府は皇族将軍や摂家《せっけ》将軍の鎌倉派遣などを通じて、相互に人的な関係を築き上げつつあった。権門寺院に入る北条一門の子弟もしだいに増加し、寺院を舞台とする公武の枠を超えた人脈も広く形成されていった。

他方、イデオロギーの方面に目を向ければ、武家政権においてもその現実の権力を支えていたのは神仏への祈りだった。将軍家の祈禱寺のネットワークが形成され、護持僧が任命された。鎌倉では七瀬祓え・四角四境祭《しかくしきょうさい》など、京都で天皇を聖化するために行われたものと同等の宗教儀礼が実施された。蒙古《もうこ》襲来といった国家的な危機に際しては、朝廷でなされたものとまったく同種の祈禱が幕府の側でも垂迹の神仏に対して実施された。

京都の公家政権と鎌倉の武家政権の関係をどのように考えるかという点においては、今日でもさまざまな見解がある。しかし、こと支配を裏打ちする宗教イデオロギーの側面からいえば、伝統仏教と垂迹の権威に依拠する両者の利害関係は完全に一致していた。

そのことはとりもなおさず、公武政権の神仏観が、垂迹を排除して本地仏との直結をうたう専修念仏や日蓮のそれとはまったく異質であることを意味するものだった。人間がこの世の神仏＝垂迹を経由することなしに直接、彼岸の本仏と結びつくようなタイプの信仰を、彼らは決して容認することができなかったのである。それを認めることは、垂迹の威力に支えられているみずからの地位の否定にほかならなかった。のみならず、それは彼らの共通の存在基盤をなしていた荘園制支配を根底から解体する危険性を孕むものだった。

そのため垂迹の権威を否定し神国思想を拒否する宗派は、断固として排除していく必要があった。一見、宗教的に寛容で、諸宗派の共存を容認するように見える中世国家も、そうした理由ゆえに、専修念仏者や日蓮の過激な神仏批判の言動に対しては徹底的な弾圧で応えざるをえなかったのである。

それに加え、鎌倉時代においても、冠位授与や年号制定を通じて実際に社会と国家に秩序を与える役割を果たしていたのは天皇だった。そうした既存の秩序と権威を根こそぎ廃止して、彼岸の本地に全面的に依拠した国家を打ち立てることは未曾有《みぞう》の冒険であり、少なくとも現実的な選択肢とはなりえなかった。

武家政権が神国思想を否定することは不可能だった。神仏や天皇といった此土《しど》の権威を飛び越えてその正当性の根拠を彼岸の仏に求め、その威光を背景とした単独政権を目指すだけの客観的な条件は、少なくとも鎌倉時代の段階ではまったく存在しなかったのである。

終　章　神国の行方

神国思想は決して固定化された理念ではない。それは歴史の状況に応じて、自在に姿を変えてきた。それはしばしば普遍世界に目を開かせ、非「日本的」な諸要素を包摂する論理としても機能した。それゆえ、もし「神国」の理念を現代に生かそうとするのであれば、安易に過去の「伝統」に寄りかかるのではなく、未来を見据え世界を視野に収めてその中身を新たに創造していく覚悟が求められる。

1　ナショナリズムとインターナショナリズムのはざまで

神国をめぐる今日の言説

私たちはこれまで神国思想の成立と変容の過程を辿った。あわせて、その日本＝神国の論理構造を分析し、この思想が歴史上どのような役割を果たしたかを考えてきた。

これまでの常識的な理解では、神国思想は天皇を主人公とするこの神聖な国土を日本固有の神々が守護するという理念だった。それは日本列島とそこに住む人々を聖化し他の諸民族から区別しようとする強烈な選民意識であり、自民族中心主義の思考だった。

この神国思想が始動する契機となったのは、鎌倉時代の蒙古《もうこ》襲来であった。古代から鎌倉時代の前半に至るまで、この列島は圧倒的な外来文化の影響の下にあった。その代表的なものが仏教だった。仏教の世界観によれば、日本は世界の中心から遠く離れた大海の中の小島(辺土《へんど》粟散《ぞくさん》)であり、悪人が群れ集う世紀末の暗黒社会だった。

そうした否定的な国土観は、鎌倉時代の後半に入って一挙に逆転する。蒙古襲来という対外的な危機に触発されて勃興した神国思想は、日本の国土を神孫が君臨し神々が守護する聖地として丸ごと肯定した。その上で、他国に対する日本の優越を強く主張していくのである。

神国思想の流行は文化的な側面から見れば、「日本」的なるものの自覚と深く結びついていた。外来文化・大陸文化が厚く表層を被っていた時代は終わりを告げ、以後、室町時代・江戸時代と継続する、「日本人」による「日本固有」の文化の創造が本格的に開始されるのである……。

既存の神国論の幻想性

この本の中で私が一貫して論じてきたのは、神国思想をめぐるこうした常識的イメージの幻想性である。

まず確認しておかなければならない点は、日本を神国とみなす理念が、蒙古襲来を待ってはじめて誕生するものではなかったことである。日本＝神国の主張は、『日本書紀《にほんしょき》』の時代から近現代に至るまでいつの時代にも見られるものだった。しかし、なぜ日本を神国と規定するのかというレベルになると、その論理は時代と論者によって大きな隔たりがあった。その背景には、神国思想の基盤をなす神観念の変貌とコスモロジーの大規模な変転があったのである。

私が強調したい二点目は、しばしば神国思想の典型として論及される蒙古襲来以降のそれにしても、決して手放しの日本礼賛の論理ではなかったことである。中世の神国思想の骨格は、他界の仏が神の姿をとってこの国土に垂迹《すいじゃく》しているという観念にあった。普遍的存在である仏が神の姿をとって出現したから「神国」なのである。インドや中国が神国でなかったのは、仏が神以外の姿をとって現れたからだった。

現実のさまざまな事象の背後に普遍的な真理が実在することを説くこうした論理が、特定の国土・民族の選別と神秘化に本来なじまないものであることはいうまでもない。中世的な神国思想の基本的性格は他国に対する日本の優越の主張ではなく、その独自性の強調だったのである。

三番目に述べておきたいのは、神国思想はそれまでの世界観の主流をなしていた仏教的なそれと根本的に対立するもので、仏教的劣等感＝末法《まっぽう》辺土思想を克服するために説き出された、という見方がまったく成り立たないことである。中世的な神国思想は仏教の世界観と相容れないどころか、仏教的な末法辺土意識を前提としてはじめて成立が可能となるものだった。より端的にいえば、神国思想は仏教の土着の過程で生み出された思想だったのである。

最後に触れなければならないものに、天皇の問題がある。天皇の存在こそは日本が神国たりうる最重要の要因とみなされてきた。しかし、中世の神国思想においては、天皇はもはや神国の中心的な要素ではなかった。天皇の存在は神国の目的ではなく、神国が存続していくための手段とみなされていた。悪しき天皇は神仏の罰を受ける、神国にふさわしくない天皇は退位させられて当然だ、という見方が当時の人々の共通認識となっていたのである。

普遍主義としての神国思想

私たちは神国思想と聞けば、強烈な自民族中心主義・ナショナリズムを連想する。けれども、もっともその要素が強いと信じられている蒙古襲来以降の神国思想でさえ、その根底にあるのは、現実社会の背後には時代や国境を越えて共通の真理が実在するという認識だった。

私たちが住むこの国土世間（娑婆《しゃば》世界）には数多くの国々が存在する。国や地域によって人々の顔立ちも話す言葉も文化も異なる。しかし、表面上の差異にもかかわらず、宇宙には一つの真理が充ち満ちている。釈迦《しゃか》や孔子《こうし》・孟子《もうし》などの聖人は、人々の目をその真理に向けさせるために仏がこの世界に遣わした使者＝垂迹だった。日本でも聖徳太子《しょうとくたいし》や弘法大師《こうぼうだいし》はそうした役割を担う存在と信じられた。それらの垂迹のなかで、日本にしか存在しないものがあった。それが神である。だから日本は神国とよばれるのだ……。

中世の思潮に共通して見られる特色は、国土の特殊性への関心とともに普遍的世界への強いあこがれである。現実世界に化現《けげん》した神・仏・聖人への信仰を通じて、私たちはだれもが最終的には彼岸の理想世界に到達することができるのである。——神国思想もまた、こうした思想的・文化的な土壌で育まれたものだったことを見落としてはならない。

中世の神国思想がもつそうした二面性を、日蓮《にちれん》を素材としてもう少し補足的に論じてみたい。鎌倉時代の思想家として著名な日蓮は、繰り返し日本の国土のすぐれた特性を論じている。また、「この日本国では、第一の天照大神《あまてらすおおみかみ》・第二の八幡大菩薩《はちまんだいぼさつ》・第三の山王《さんのう》をはじめとして、三千余社の神が昼夜に国を守り、朝夕に国家を見守っておられる」（「神国王御書《しんこくおうごしょ》」）と述べて、日本が天照大神以下の神々が守護する聖なる国土であることを明言する。その一方で、日本の神は、仏はもとより仏教の守護神である梵天《ぼんてん》・帝釈《たいしゃく》と比較しても「小神」にすぎず、その国土も「辺土粟散」の「悪国」であると主張するのである。

もちろん、神国思想に日本の優越を語ろうとする傾向が皆無だったなどと述べようとしているわけではない。私が強調したいのは、神国思想にはそれ以上に、インターナショナルな世界・普遍的世界への指向性があったことを見落としてはならないということである。

2　神国思想の歴史的展開

彼岸世界の縮小

鎌倉時代に完成する中世的な神国思想は、その後どのような変貌を遂げながら現代にまで流れ込むのであろうか。

中世後期（室町期）以降、この列島の思想世界を襲った激震は、中世前期（院政期・鎌倉期）において圧倒的なリアリティを有していた他界観念の縮小と、彼岸《ひがん》（あの世）―此岸《しがん》（この世）の二重構造の解体である。

中世前期までの人々にとってもっとも重要だったのは、この現実世界ではなく遠い彼方にあると信じられていた彼岸の浄土だった。この世はしょせん仮の宿りにすぎない。人々の関心は、死後いかにして理想の浄土に往生《おうじょう》できるかという一点に集中していた。こうした世界観は古代から中世への転換期に成立したものだったが、室町時代に入ると往生の対象としての遠い浄土のイメージがしだいに色あせ、現世こそが唯一の実態であるという見方が広まっていく。日々の生活が宗教的価値から解放され、社会の世俗化が急速に進展する。それはやがて江戸時代において、一つの完成した姿をみせるのである。

仏は人間の認知範囲を超えたどこか遠い世界にいるのではなく、現世の内部に存在する。死者が行くべき他界―浄土もこの世のなかにある。死者の安穏は遥かな浄土への旅立ちではなく、墓地に眠り子孫の定期的な訪れと読経《どきよう》の声を聞くことにある。神もまた彼岸への案内者という役割から解放されて、人々の現世の祈りに耳を傾けることが主要な任務となっていくのである。

中世後期に起こったコスモロジーの変動は、当然のことながらその上に組み上げられたさまざまな思想に決定的な転換をもたらした。その影響は本地垂迹《ほんじすいじやく》思想にも及んだ。近世においても、日本の神を仏の垂迹とみなすこの論理の骨格は相変わらず人々に受容され続けていた。しかしその一方で、彼岸世界の衰退は、垂迹の神に対して特権的な地位を占めていた本地仏の観念の縮小を招いた。その結果、近世の本地垂迹思想は他界の仏と現世の神を結びつける論理ではなく、この世の内部にある等質な存在としての仏と神をつなぐ論理と化してしまうのである。

それはかつて地上のあらゆる存在を超越する絶対者と、それが体現していた普遍的権威の消滅を意味していた。中世において現世の権力や価値観を相対化し批判する根拠となっていた他界の仏や儒教的な天といった観念は、近世では現世に内在化し、逆にこの世の権力と体制を内側から支える働きをすることになるのである。

統一権力の宗教政策

彼岸世界の縮小と現世的価値の浮上は、この列島上での長期にわたるコスモロジーの変動の結果だった。それは地盤の浸食のような自然現象としてだけでなく、人間の織りなす現実の歴史過程とも密接に関わって進行した。

日本において彼岸世界の後退が始まるのは、一四世紀ごろのことだった。鎌倉時代に一世を風靡《ふうび》した念仏宗でもしだいに他界浄土のリアリティが薄れ、現世《げんせ》利益《りやく》の側面が比重を増していった。人は死後における彼岸での救済よりも、この世での充実した生を希求するようになるのである。

しかしその一方で、客観的実在としての彼岸世界の実在を強力に主張し、そこにある仏を絶対的存在と捉える発想は中世を通じて存在した。そうした理念は主として民衆層に受容され、世俗の権力と対決する際の精神的な支柱として用いられた。人々はしばしば他界の絶対的存在と直結しているという信念を拠り所として、この世の権力に対する服従を拒否していくのである。戦国期から安土桃山期にかけて力を振るった法華《ほっけ》一揆《いっき》や一向《いっこう》一揆、キリシタンの思想には、こうした理念が色濃くうかがわれる。

天下人との壮絶な闘争の末に、一向一揆は息の根を止められ、キリシタンは根絶やしにされた。法華宗や真宗では、教学面において彼岸表象の希薄な教団だけが正統として存在を許された。比叡山《ひえいざん》や興福寺《こうふくじ》といった大寺院も、領地を没収され治外法権の特権を剥奪《はくだつ》された。

かくして江戸時代の前半には、すべての宗教勢力は統一権力の前に膝を屈するに至った。世俗の支配権力を相対化できる視点をもつ宗教は、社会的な勢力としても理念の面でも消滅してしまったのである。

統一政権は宗教勢力をひざまずかせるだけでは満足しなかった。天下人が目指したのは、民衆や敵対勢力が信仰を口実にして再び反抗の火の手をあげることを防ぐために、宗教的権威をみずからの支配秩序の中に取り込み、自己の権威づけに利用することだった。そのために、彼らはみずから神になることを目指した。

織田信長《おだのぶなが》は、自分を崇拝すれば富と長寿をえることができるという高札を総見寺《そうけんじ》に立てさせた。豊臣秀吉《とよとみひでよし》や徳川家康《とくがわいえやす》もまた死後それぞれ「豊国大明神《とよくにだいみようじん》」「東照大権現《とうしようだいごんげん》」の神号を受け、神として祀られた。その肖像も神像としての形式を備えて描かれた。

しかし、彼岸世界が縮小し根源的存在観念が消滅した近世では、特定の一神・一仏が神仏世界を統括することは不可能だった。東照大権現もまたかつて他界の本地仏が占めていた地位に就いて、既存の宗教世界全体を支配するまでには至らなかった。それは結局のところ、此土《しど》にある数多くの神仏の一つとしての立場を超えることはなかったのである。

秀吉・家康の神国論

神国思想もまた、中世後期に起こったコスモロジーの変動と無関係ではいられなかった。

戦国の乱世を平定して天下人となった秀吉と家康は、キリスト教を禁止するにあたっていずれも日本が神国であることを根拠とした。それぞれの神国理念に関わる史料を、一つずつ以下に挙げてみる。

①それわが朝は神国なり。神は心なり。森羅万象、一として心を出でず。〔中略〕ゆえに神をもって万物の根源となす。この神、竺土《じくど》（インド）にありては、これをよびて仏法となし、震旦《しんたん》（中国）にありては、これをもって儒道となし、日域《にちいき》にありては、これを神道という。神道を知れば、すなわち仏法を知り、また儒道を知る。およそ人の世に処するや、仁をもって根本となす。仁義にあらざればすなわち君、君たらず、臣、臣たらず。

（天正一九年〔一五九一〕ポルトガル領印度総督宛秀吉書簡）

②そもそもわが国は神国なり。開闢《かいびゃく》以来、神を敬い仏を尊ぶ。仏と神と、垂迹同じくして別なし。君臣忠義の道を堅め、覇国交盟の約、渝変《ゆへん》（変化）なきは、みな誓うに神をもって信の証となす。

（慶長一七年〔一六一二〕メキシコ総督宛徳川家康書簡）

ここに見られる「神国」の観念を、周辺の史料を参照しながら詳細に読み解いていく余裕はもはやない。さしあたって、いくつか特徴的な点だけを指摘しておきたい。

儒教倫理の浮上

この両者に見られる神国は、いずれも仏教ときわめて親和的なものとして描かれており、その内部から仏教的要素を排除しようとする指向性は皆無である。また、①の仏法・儒道・神道を同じ「神」（真理）の顕現として一体視する主張や、②の神仏同体説の根拠には、本地垂迹説を思わせる論理が用いられている。そのため一見しただけでは、これを神仏混淆を前提とした中世的な神国思想と区別することは困難である。しかし、この論理を詳しく見ていくと、中世的な神国論の主流とは明らかに異なる部分が存在する。

中世においては、本地垂迹とは他界の仏がさまざまな姿をとってこの世に出現することを意味していた。①の論理はまさにそれを思わせるものである。その際、中世では本地仏のいる浄土は、他界的性格がきわめて濃厚な地だった。そこはこの世から隔絶し、人間が容易に認識することも往返することもできない遠い世界だった。

ところが①の場合、本地にあたる「神」は「心」であると定義されている。万物の根源である神は、異次元世界の住人ではなく人間に内在するものだった。その神は同時に、「仁義」という根本道徳の形をとってこの世の人間関係・君臣秩序を支える働きをしていたのである。

②では神と仏の同体が説かれるが、ここでも同体説の論拠である「垂迹」は、他界として

の浄土と現世を結ぶ論理とは認識されていない。他方、神は「君臣忠義」といった儒教道徳を機能させる根拠としての役割を果たすものとされているのである。

①②どちらをとっても、中世的な本地垂迹・神国の理念の背後に常にあった遠い彼岸の観念はまったく姿を見せない。神が人間を他界浄土に誘《いざな》うという発想も皆無である。代わって人間が日常生活を営む現世と、そこで機能する儒教倫理が浮上している。本地垂迹は他界と現世を結ぶ三次元世界での関係ではなく、現世を舞台とする二次元の平面世界での神仏関係へと変化を遂げているのである。

これらの神国論が、室町時代に体系化される吉田《よしだ》神道の影響を受けていることはすでに指摘されている。一見、中世以来の伝統を継承しているごとき秀吉と家康の神国思想は、中世後期における神道教学の展開とコスモロジーの変貌を前提とした、新しいタイプのそれだったのである。

3　自国中心主義への旋回

自国中心主義としての神国思想

中世的な本地垂迹思想の変容は、一方では中世まで神国思想の内容を規定していた理念的な外枠の消失を意味することになった。

中世的な神国思想の中核をなすものは、他界の仏が神としてこの列島に垂迹しているという理念だった。現実の差別相を超克する普遍的真理の実在に対する強烈な信念があり、それが自民族中心主義へ向かって神国思想が暴走することを阻止する歯止めとしての役割を果たしていたことは、すでに指摘した通りである。

しかし、中世後期に生じた彼岸表象の衰退にともなって、諸国・諸民族をともかくも相対化していた視座は失われてしまった。普遍的世界観の後ろ盾を失った神国思想には、もはや日本の一方的な優越を説くにあたってのいかなる制約も存在しなかった。

江戸中期の神道家である増穂残口《ますほざんこう》は、仏教の死後救済説を厳しく批判する一方、夫婦関係を中心とするこの世での「恋愛慕情」の重要性を説いた。その上で、「三千世界の中に日本ほど尊き国はなし。人の中に日本人ほどうるわしきはなし」（『有象無象小社探《うぞうむぞうほこらさがし》』）と述べて、「神国」日本をもろ手を上げて絶賛している。また幕末の国学者中島広足《なかじまひろたり》は、日本がありがたい「神国」であるのに対し、「外国は、先祖も正しからぬ獣類同様の人種」（『童子問答《どうじもんどう》』付録）であるとして、日本の絶対的な優越を強調している。

これらはごく一例にすぎないが、江戸時代の中期以降、神道家や国学者を中心にしばしば神国に言及するものが見られるようになる。そこでは多くの場合、日本とそれ以外の国々との区別を先天的・固定的なものとして捉え、神国日本の偉大さが口を極めて力説された。日本の特殊性の強調という性格を第一義としてもっていた中世的な神国思想から、日本の絶対的優位の主張を骨子とする近世的な神国思想への転換は、こうした過程を経てなされることになったのである。

神国思想の世俗化と多様化

中世の神国思想を規定していた外枠の消滅は、理論としての神国思想の独り歩きを許す結果となった。

振り返ってみれば、古代においても日本＝神国の理念は、国家が保証する天照大神を頂点とする神祇界の整然たる序列を前提としていた。神国思想はこの秩序に沿う形で主張されていた。その自由な展開に大きく網が掛けられていたという点において、古代・中世の神国思想は共通する性格を有していた。

しかし、近世社会では神国論の中身を規制するいかなる思想的制約もなかった。日本＝神国の主張は権力批判に結びつかない限り、だれもが自分自身の立場から思うままに論じることが可能となった。思想や学問が宗教・イデオロギーから分離し、独り歩きすることが可能になった時代が近世だった。神国思想がさまざまな思潮と結びついて自己展開していく客観的条件が、近世になってはじめて成熟することになったのである。

私たちがそれ以前のものと対比して近世の神国思想から受ける第一印象は、内容と唱導者の驚くべき多様性である。近世の神国論は、まずは天下人となった秀吉や家康周辺の仏教者から発せられた。次いで林羅山《はやしらざん》・熊沢蕃山《くまざわばんざん》といった儒者にその主張が見られるようになる。江戸中期以降は神道家や国学者をはじめ、心学者・民間宗教者の著作や通俗道徳書などに広く散見するようになるのである。

これらの神国論は、日本を神国とみなす根拠一つをとっても、実にさまざまなバリエーションをもっている。そのうちのどれを「近世的」な神国思想の典型と見るかという議論は生産的ではない。むしろだれもがなんの制約もなしに、仏教・儒教・国学などの諸思想に結びつけて「神国」を語ることができるような状況が到来したことに、私は中世とは異なる江戸時代固有の思想状況を見出したいのである。その際、そのすべてに共通する要素として、現実社会を唯一の存在実態とみなす世俗主義の立場と強烈な自尊意識が存在することは、先に述べた通りである。

天皇の国としての神国

近世的な神国思想のもう一つの特色として忘れてならないものは、天皇の占める重要な位置である。中世では、天皇は日本＝神国論の中心から排除されていた。それに対し、近世の神国思想は天皇が再び神国との強い結びつきを回復し、その中核に居座るようになるのである。

中世において至高の権威の担い手は、超越的存在としての彼岸の本地仏だった。この本仏とその垂迹である神こそが、中世的神国思想の主役だった。天皇は神孫として王の地位に即いてはいたが、神国の主としてふさわしくないと判断されれば、即座にその首をすげ替えられるような存在だった。しかも中世では神の子孫は天皇だけでなく、すべての人民が神の流れを汲む者（神胤《しんいん》）であることが強調されていたのである。

ところが中世後期以降、往生の対象としての遠い浄土と絶対的存在としての本地仏のイメージが萎《しぼ》み、現世の占める位置が拡大していく。それはかつて天皇を含む地上のあらゆる存在を相対化していた彼岸的・宗教的権威が、舞台の背後に退いていく現象を意味するものだった。

ここにおいて、もはや本地垂迹の論理は神国を支える土台とはなりえなかった。不可視の超越的権威が力を失ったいま、日本が神国であることを保証し現実の政治権力を正当化できる高次の権威は、古代以来の伝統をもつ神孫としての天皇しかいなかった。遠い彼岸世界との垂直な関係に神国の根拠を見出せなくなった人々は、天皇を媒介とした過去と現在をつなぐ水平方向の歴史的水脈のなかに、日本が神国であることの証《あかし》を見出そうとするのである。

幕末における幕藩体制の動揺と外国の侵略に対する危機意識は、人々に新たな国家体制の模索を強いることになった。直面する危機を乗り越えるべく、「国」＝藩を超えて「日本」を一つの統一国家にまとめようとするとき、その柱となるべき存在として天皇以外の選択肢はなかった。天皇制の伝統への言及は必然的に、近世を通じて広く深く社会に浸透していた神国の記憶を呼び覚ますことになるのである。

明治維新の神仏分離

江戸後期に起こった天皇の君臨する国家としての神国・神州《しんしゅう》意識の高揚は、やがて明治維新を経て近代にまで引き継がれていく。しかし、維新政府は神国＝天皇の国という基本線は継承しながらも、その中身を別のものに差し替えようと試みるのである。

慶応《けいおう》四年（一八六八）三月、成立後まもない明治政府は「神仏分離令」とよばれる一連の法令を発布し、神社や神祇《じんぎ》信仰に対する仏教の影響の排除を命じた。天皇を中心に据えて新生日本を立ち上げようとするにあたっては、現御神《あきつみかみ》としての天皇の権威を支える神々の世界を再構築し、近代天皇制にふさわしい新しい神話を創造していく必要があった。だが、天照大神をはじめとする日本の神々は、平安時代後期以降、現実には本地垂迹説などを通じて仏教的な世界観に組み込まれ、仏の下に位置づけられていた。

神社の組織においても、多くの神社では神官が僧侶の下位に甘んじていた。仏像がご神体とされている例も、少しも珍しいものではなかった。江戸時代以降、中世的な本地垂迹説こそ変質を遂げてしまったものの、社会的な存在の実態からいえば神と仏はあいかわらず密接不可分の関係を保ち続けていたのである。

天皇制国家のバックボーンとなるべき日本の神々が外来の仏の風下にあるという現状は、

明治国家の支配層にとって不都合きわまりないことだった。権力者が描くあるべき歴史像を宗教像に適合させるために、一千数百年もの長きにわたって蜜月の関係にあった神と仏は、生木を引き裂くように力ずくで切り離された。明治政府の神仏分離政策によって、外来の宗教に汚されることのない「純粋な」神々の世界が、はじめてこの列島に誕生することになったのである。

近代日本における神国の創出

こうした宗教世界の劇変を経た上で成立する近代の神国の理念は、もはや一かけらといえども神祇以外の要素を許容する余地はなかった。仏教的な理念を背景とする中世的な神国論はもちろんのこと、近世に見られたような国内外の思想と結びついた多彩な神国の観念が花開くこともなかった。もしそのような神国の観念が説かれたとすれば、国家神話に対する公然たる反逆とみなされた。幕末から近代にかけて簇生《そうせい》する民衆宗教は、天地開闢説やその世界観において古代の神話的世界から多くの素材をえているが、そういったものですらそのコスモロジーが国家神話に抵触した場合は、容赦ない弾圧を受けることになった。

天皇を国家の中心とし、「伝統的な」神々が守護するという私たちになじみ深い神国の理念は、このような過程を経て近代国家の出発とともに形を整えていくことになった。それはかつての中世のそれとは異なり、みずからのうちに日本を相対化するいかなる契機も含んではいなかった。独善的な自尊意識を踏まえてためらいもなく周辺諸国の侵略を正当化するようなタイプの神国思想への到達は、もはや目前だったのである。

4　神国思想と現代

神国思想を直視する必要性

冷戦が終結しポストモダンの時代に入ったといわれる今日、ナショナリズムは世界各地で激しい炎を噴き上げている。ナショナリズムと結びついた宗教もまた、政治世界に大きな影響力を発揮している。

日本でも近年戦後歴史学の見直しが叫ばれ、靖国問題が議論をよんでいる。憲法改定をはじめとする現実の政治過程やアジア諸国との外交問題と関わりながら、ナショナリズムの問題は今後ますます人々の関心を集めていくことが予想される。その際、日本のナショナリズムの原点ともいうべき神国思想は、私たちが過去を振り返り未来を見据えようとするときに、決して目をそらすことのできない問題である。

しかし、神国思想については、それを蛇蝎《だかつ》のごとく嫌って言及することすら憚る人々と、それを「日本人」の心の支えにするべきだと信じる人々の間で是非・賛否両論が渦巻き、客観的で冷静な議論ができる状態にはなっていない。これはまことに不幸な状況というべきでである。

神国思想を丸ごと否定する立場に対して、私は日本＝神国とする理念自体を悪とみなして議論を封印すべきではないと考えている。自民族を選ばれたものとみなす発想は、時代と地域を問わず世界中に見ることのできるものである。神国思想もその一つだった。それはこの列島に住む人々の間で長期間にわたって唱えられてきたものであり、排外主義としてだけでなく、逆に普遍世界に目を開かせる論理としても、また外来の諸要素を包摂する論理としても機能した場合があった。その意味において、この思想はまぎれもなく日本列島で育まれた文化的な伝統の一つなのであり、それが果たした歴史的な役割はきちんと総括すべきだとしても、私たちはその文化遺産としての重みを正しく認識する義務を課せられているのである。

逆にそれを全面的に肯定する人々に対しては、私はそれを安易な、とりわけ他者・他国に向けての政治的スローガンとすべきではないことを力説しておきたい。それは「神国」という理念にさまざまな思いを託してきた先人たちの努力と、神国が背負っている厚い思想的・文化的伝統を踏みにじる結果になりかねない。

私たちは感情に任せて神国を声高に叫ぶ以前に、神国を唱導することに自身の全存在を懸けた故人一人ひとりの信念とその肉声を、歴史の中から発掘していく責任を負っている。彼ら彼女らがみずからの思いを「神国」に託さざるをえなかった、その決断の重さを胸に抱きとめていかなければならないのである。

学問の方法としての神国

神国の提起する問題に正面から向き合わなければならないことは、研究者にとっても同様である。歴史学をはじめとする学問的な立場に立つ者にとって、神国はできれば避けて通りたいテーマの一つである。それは研究の対象というよりは、批判し克服すべき標的とみなされてきた。みずからの国土を「神国」とみなす選民思想が一千数百年の長きにわたって継承され、現代においても人々の思考に影響を与えているという現象を、天皇制の存続と絡《から》めながら「異常な」事態と把握することは、「進歩的」とみなされている研究者の一般的な認識といってよかろう。しかし、神国という一つの観念がこれほど長い間、同一の思想とはみなし難いほどにその内容を変化させながら、ともかくも継承されてきたという事実はやはり重要である。

およそ学問的なスタンスをとろうとする限り、自国の文化的伝統を語るにあたって、閉じられた人々を対象とする内輪の議論に終始することは許されない。国境を越えた知の世界に貢献できないような形での自文化への言及は、学問的にはまったく無意味である。それは神国思想についても例外ではない。

神国思想は、一種の選民思想でありながら一見正反対な普遍主義への指向をも内包しつつ、さまざまに形を変えながら古代から現代までの歴史を生き延びてきた、世界的にもきわめて貴重な事例である。しかも神国の内容は、その思想的基盤をなしていた各時代の神観念やコスモロジーと不可分の関係を有していた。そのため、この列島の思想と文化の歴史を統一的・総体的に見通すための視座と方法の試みとして、神国思想は格好の素材となりうると考えられるのである。

世界のなかの神国思想

その上で私たちは、視野を拡げて神国思想を世界各地の自民族至上主義やナショナリズムと比較検討していく必要がある。

世界宗教とよばれるキリスト教・仏教・イスラム教などが広まった地域では、前近代の一時期、普遍主義的な世界観が主流を占める段階があった。宇宙を貫く宗教的真理に対する信頼が喪失し、普遍主義の拘束から解き放たれた地域や民族が、自画像を模索しながら激しい自己主張を開始するのが近代という時代だった。

自尊意識と普遍主義が共存する神国思想に関する研究成果は、方法と実証両面において、各地域における普遍主義と自民族中心主義の関わり方と共存の構造の解明に、なんらかの学問的な貢献をなしうることが予想される。そのことによって、世界的な視野のなかで神国思想の独自性と思想史的意義を考えていく展望も開けるに違いない。それは薄っぺらな自尊の論理レベルの対比ではなく、その背後にある思想世界の全体像までをも踏まえたものであるだけに、重厚な比較文化論となりうる可能性を秘めている。

神国思想は、その基底にある「神」の問題とともに、いまなお「日本人」に重い問いを投げかけ続けている。私たちは、そこから逃げたり目をそむけたりすることを許されない。それと正面から向き合って、その歴史的な実態を明らかにしていくことによってのみ神国の悪しき呪縛から完全に解放され、その伝統を未来の歴史の教訓として生かしていく道が開けることを私は確信している。

原本あとがき

「日本思想」なるものは存在するのか、あるとすればそれはいったい何か、といった問いかけは、近代以前から今日に至るまで繰り返し発せられてきた疑問だった。

今日、「日本思想の伝統」は近代になって作り上げられたフィクションであってそのような実体はない、という見方をとる研究者も多い。他方、その存在を認める立場からは多くの解答が提示されたが、それは大きく分けて二つの方向があったように思われる。

一つは「神」あるいは「神道」を日本固有のもの、「仏教」や「儒教」を外来のものと区分した上で、前者の系譜に太古の時代から現代まで一貫する「日本思想」の特色を見出そうとする立場である。日本文化の核心には常に「神道」に代表される固有の原理が働いており、それを覆っている外来の諸要素を取り除きさえすれば、容易に日本文化の地下水脈を発見することが可能であると考えるものである。江戸時代の国学以来の伝統を持つこうした発想では、当然のことながら仏教・儒教・キリスト教は伝統思想と対立ないし対峙《たいじ》するものとして位置づけられることになった。

もう一つは、「日本思想」を構成する諸要素を「伝統」と「外来」に区分することなく、次々と新しい思想を海外から移入してそれを貪欲《どんよく》に吸収・消化していくところに、日本的な思想原理の独自性を見出そうとするものである。こちらの立場に立てば、仏教をはじめとする複数の思想的要素の共存という現象は、むしろ積極的に肯定され評価されることになる。

私はいま指摘したどちらの図式に対しても、かなり前から強い違和感を抱いてきた。それは両者とも、日本思想を神道・仏教・儒教・道教・キリスト教などの諸要素に腑分《ふわ》けした上で把握しようとしていることである。逆の言い方をすれば、出自を異にするそうした思想的要素を組み合わせることによって、ある時代の日本思想の全体像が再構築できるという発想を内包しているのである。

確かに私たち現代人にとっては、こういったジャンルの区分は常識である。しかし、前近代の人々、しかも一般の生活者にとってもそれは同じだったのだろうか。彼らは、彼女らは、果たして私たちと同じようにそうした区別を行っていたのであろうか。もしその区分そのものが無効であったとすれば、神道・仏教・儒教といった範疇《はんちゅう》を前提として前近代の思想世界を解明しようとする方法そのものが、根本的に見直される必要があるのではなかろうか。

私が研究者の道にはいった当初、中世思想といえば仏教思想のことにほかならなかった。それほどに研究の世界で仏教の占める割合は大きかった。そうした研究状況を受けて、私もまたはじめは仏教を基軸とした中世思想史を構想した。ところが、やがていま述べたような疑問が沸き上がり、仏教・神道・儒教といった枠を外した形で時代の思想像を忠実に再構成していく必要を痛感するに至った。その課題に応えるべく、最初に選んだテーマがこの「神国思想」だった。

従来の通説では「固有の」「神道的な」といった形容でもって語られてきた神国思想ではあったが、その展開の時期は仏教の浸透と時を同じくしていた。また先入観を排して史料を読んでいくと、「神国」がしばしば濃密な仏教的な論理でもって説明されている例に突き当たった。そのために、この神国思想をあるがままの形で正確に読み解いていくことが、単に常識的な「神国」概念を一新するだけでなく、方法的な面で思想史研究の新たな視点の確立につながるのではないか、という見通しをもったのである。

こうした素朴な疑問を突き詰めていくなかで、ようやく形にしたものが一九九五年に「日本史研究」三九〇号に発表した「神国思想考」という論文だった。本書の構想の骨格をなすこの論文は、私自身のこれまでの仕事の中でも格別の難産だった。結局、構想の段階から資料の収集・分析を経て目に見える成果となるまで、一〇年近い歳月を要することになった。

まだ粗削りではあったが、私はかなりの自信をもってそれを世に送り出したつもりである。しかし、学界でのこの論文の評価は決して芳《かんば》しいものではなかった。というよりは、専門の研究者たちから完全な無視と黙殺をもって迎えられた。その背後にある方法的な問題意識が話題になることは、ましてなかった。

その後、私自身の研究課題と問題関心が他に移ったこともあり、久しく神国に論及する機会はなかった。

新しい世紀に入ろうとするころから、国内政治と国際情勢に関わるさまざまな動きが激しさを増している。歴史教科書をめぐって近隣諸国を巻き込んだ議論が起こり、森元首相の「神の国」発言が大きな話題をよんだ。小泉純一郎《こいずみじゅんいちろう》首相の靖国参拝も強い波紋を投げ掛けている。こうした情勢と対応して、国内では「日本回帰」志向が目立つ一方、それに反発する人々との間で激しい議論が戦わされている。

そうしたなかでアカデミズムの世界を住《す》み処《か》とする研究者たち、しかも従来であれば現実ともっとも距離を置いているはずの人文系の学者が、現実の政治問題に積極的に発言するケースが目立つようになった。もちろん、私は研究者がアカデミズムの象牙の塔に引きこもっているべきだと主張するわけではない。一人の市民として、一人の国民として、当然のことながら私たちは社会と関わり政治に参加する権利と義務を負っている。

その際、研究者が果たすべき第一の役割は、さまざまな政治的な対立点に対してきちんとした情報と知識を提供して、議論の筋道を整理することではなかろうか。ところが現実には対立する陣営の一方の側に付いて、対立を積極的にあおっている様子がどうしても目についてしまう。とりわけ私がかつて論じた「神国」について、歴史の専門家の間でさえ、基本的事実に対する誤った認識にもとづいた感情的な議論が繰り返される状況を見るにつけ、その思いをますます強くせざるをえなかった。

　そうした思いを抱いている折に、筑摩書房の伊藤大五郎さんから絶好のタイミングでちくま新書執筆のお誘いをいただいた。本書はその伊藤さんとの約一年間にわたる二人三脚の成果である。

「はじめに」でも述べたように、本書は「神国」について、大方の人が抱いているものとは違ったイメージを提示することによって、その常識を打ち破ることを第一の課題としている。と同時に、「神国」というもっとも「日本的」と思われがちな概念が、実は神道・仏教といった要素に還元しえない独自の論理構造をなしていることを明らかにすることによって、研究の方法に関わる問題提起を試みたものである。

　今日「神国」は、ひとたび影響力のある人物によって口にされれば激しい政治的議論を呼び起こすことは必至である。専門の研究者でさえ、「反動的」「侵略的」といったレッテルを貼って済ませようとする傾向がある。こうした現状を克服するためには、私たちはまず客観的・学問的な視点からその客観的な実態をきちんと把握する必要がある。その上で、「神国」を素材として改めて立場や国籍を超えた知的で生産的な議論ができれば、これ以上嬉しいことはない。私は本書の執筆を通じて、「神国」が感情をむき出しにした対立の場ではなく、アカデミックな対話の土俵となることを強く望むものである。

私がこうした方向性で神国を捉えようとするに至った背景には、ある思想を特定の領域に引き寄せるのではなく、常に包括的な思想世界全体に位置づけるべきことを教えてくれた石田一良《いしだいちろう》氏以来の東北大学の日本思想史研究室の自由な学風があった。また普段接することのできる私の先輩に、神道を「日本的」という固定観念から解き放つ作業を進めている高橋美由紀《たかはしみゆき》氏という卓越した研究者がいたことも大きい。参考文献にも挙げた高橋氏の「中世神国思想の一側面」という論文とそれを収めたご著書は、神道や神国思想を研究するにあたっての必読文献である。より深くこの問題を考えてみたい方は、ぜひ一読されることをお勧めしたい。

これ以外にも、この本を書くに当たって数多くの皆さまの研究成果を参照させていただいた。主なものは［引用・参考文献一覧］に掲げたが、それ以外にも学恩を受けた研究は少なくない。先学諸氏に改めて御礼申し上げたい。

最後に、本書を担当された筑摩書房の伊藤氏に対して特に感謝の言葉を記しておきたい。原稿を丁寧に読んでいただいた上、編集者の視点に加えて読み手の立場からさまざまなアドヴァイスをいただいた。伊藤氏のレベルの高い妥協のない要求を満たすために、構成の見直しを含めたさまざまな手直しを行った。粗原稿にこれほど徹底して手を入れたのは、私にとってこれまでにない経験だった。

まだまだ不十分なものではあるが、伊藤氏の尽力なくしては本書がこうした形で日の目を見ることはなかった。いま校正を読み直しながら、今回もまた私の実力以上のものを引き出してくれた優秀な編集者と出会えた幸福を心から実感している。

二〇〇六年二月一〇日

佐藤弘夫

文庫版刊行にあたって

1

本書は、二〇〇六年にちくま新書の一冊として刊行された。すでに公刊されて一二年の歳月を経ている。この間、わたしたちを取り巻く社会や学界の状況は大きく変化した。このたび講談社学術文庫から再刊するにあたって、本書執筆の背景と目的を確認するとともに、いまこの時期に、改めて本書を世に問うことの意味を考えてみたい。

かつて一九八〇年代、この日本列島に「バブル経済」とよばれる異様な好景気の嵐が吹き荒れた時期があった。ありあまる金融資産を原資とする海外投資が活発化し、欧米の代表的企業や美術品、記念碑的な建造物が次々と日本人によって買収されていった。

しかし、その熱狂は九〇年代初頭に起こったバブル経済の破綻によって、突然、冷水を浴びせられた。地価と株価は暴落し、資産価値の下落によって金融機関や企業は多額の不良債権を抱え込んだ。宴の終わった荒漠とした光景の中で、人々は自身と国家のとるべき方向性を手探りで模索することを強いられた。

バブル経済をもたらした「日本式」の作法に批判の眼差しが向けられるなかで、新たに浮上してきたキーワードが、「グローバルスタンダード」だった。世界水準の掛け声のもと、あらゆる分野で国際化がもてはやされるようになった九〇年代後半、一見、それと対照的な現象も生起した。「日本」への回帰である。国境なき時代の到来と長期にわたる不況のなかで、寄る辺なき不安にさいなまれた人々は、新たな心のよりどころとして日本へと向かい始めた。スポーツや音楽や芸術などの分野で、浅田彰が「J回帰」とよんだ草の根ナショナリズムともいうべき現象が、徐々に頭をもたげていくのである。

J回帰と時を同じくして九〇年代半ばから強まった、日本の戦後思想を根底から見直し、「日本人としての自信と責任」を取り戻そうとする動きは、今世紀に入って新しいステージに突入したようにみえる。ヘイトスピーチのように、一部の人々の間で愛国心の暴走ともいうべき現象が起こり、グロテスクな姿をしたウルトラ・ナショナリズム（超国家主義）がその姿を露わにしてくるのである。

それは日本だけの出来事ではない。世界中で、移民や少数民族に対する迫害が表面化するようになった。お互いに顔を見たことのない人々が、民族や国籍や宗教が違うだけで憎しみ合い、罵《ののし》り合う行為が日常化していくのである。

2

本書執筆の背景には、こうした異形のナショナリズムと排他主義の勃興に対する危機意識があった。十年以上の歳月を経たいまも、状況はまったく変わっていないようにみえる。むしろ深刻化しつつあるというべきであろうか。多くの識者が指摘するように、ナショナリズムの制御こそが、今日、人類が直面している最重要の課題の一つとなっているのである。

この問題の真に深刻な点は、これが近代化・文明化の深まりに応じて出現した現象であることである。

いまを遡ること数世紀、かつてこの世界が近代と呼ばれる時代に突入したとき、人類は人間の理性と科学文明の限りない発展の果てに、争いも貧困も差別も存在しない理想世界が実現することを夢見た。着実に進行した社会の近代化は、人類が思い描いたユートピアがまもなく到来することを人々に確信させた。戦争が繰り返され、膨大な数の人々が命を落としたが、民衆の生活レベルは着実に向上した。たとえ多少の曲折はあっても、文明化の果てに到来する桃源郷の夢が、ある時期まで大方の人々に共有されていたのである。

しかし、一九七〇年代を境として、潮目は一気に転換する。核戦争の恐怖、貧富の差の拡大、人類の生存を脅かすほどの環境汚染の深刻化など、近代化に伴う弊害のほうが深刻化し始める。東日本大震災による福島第一原子力発電所の事故は、ついに人類がみずからを滅ぼしうる力を手に入れたことをわたしたちに実感させる出来事となった。モダンへの幻滅を経て、ポストモダンといわれる時代が到来するのである。

科学技術の暴走に加えて、近代社会が生み出したもう一つの産物が、排他的なウルトラ・ナショナリズムやヘイトスピーチにみられるような「心の劣化」ともいうべき現象である。文明化の成熟は人間の理性の全面的な開花をもたらすものと考えられ、高いモラルを土台とする理想社会の誕生を予感させた。だが、現実がその方向に進むことはなかった。現在、日本と韓国・中国の間では、それぞれの境界に位置する小島の領有をめぐって激しい応酬が繰り広げられている。近代に入る前の時代では、経済的価値のない無人島を「固有の領土」とした上で、その所有の正当性が主張されることはなかった。まして、為政者だけでなく国民を巻き込んだ激しい誹謗中傷合戦は皆無だった。

いまわたしたちは、みずからが生み出した巨大にして醜悪な暗黒面の深淵を目の当たりにして、なすすべもなく呆然と佇《たたず》んでいるのである。

3

今日、人類が直面している深刻な問題の多くは、近代化に付随して発生し、拡大した現象である。地球規模の環境汚染も原発もナショナリズムも、前近代には実在しなかった。したがって、これらの問題の原因に根源的なレベルに遡って光を当てるためには、近代の枠内で考えるだけでは限界がある。近代そのものを相対化できる視座が不可欠である。射程を近代以前にまで延ばして、長期的なスパンのなかで近代社会の持っている歪みを照らし出すという技法が求められているのである。

本書が試みたのはまさしくそうした方法だった。それを具体化するにあたって、わたしが採用したものが「コスモロジー」という視座である。この点について、少し説明しておきたい。

今日、海外旅行は大方の日本人にとって日常的な出来事となった。毎年、国民の一割を遥かに超える人々が、国境を超えての旅行を楽しんでいる。見知らぬ世界に足を踏み入れてしばしば驚かされるのが、日本人の常識が通用しない社会の存在である。わたしたちが当たり前と思っていることが、少しも当たり前ではない地域が世界のここかしこに実在しているのである。

現代では空間を横に平行移動することによって、日本人の価値観や常識でははかりしれない世界に出会うことができるが、それは時空を垂直に移動した場合でも同様だった。時間を五〇〇年ほど遡ったとき、この列島上に近現代とはまったく異質な空間が浮かび上がってくる。一二世紀ごろに幕を開け、一五世紀まで続く中世といわれる時代である。

中世のコスモロジーは、現代のそれとどのように異なるのであろうか。一言でいえば、民族や言語の違いを超えて、この世界が一つの超越的な存在に柔らかく包み込まれているという感覚の共有である。

一つの例をあげよう。『今昔物語集』などに収録されて人口に膾炙《かいしゃ》したストーリーである。

俗名を大江定基《おおえのさだもと》といった平安時代の僧・寂照《じゃくしょう》は、入宋巡礼の修行を思い立ち、首尾よく渡海を果たして、中国の清涼山の僧団の末席に連なることができた。ところが、ここで問題が起こる。この寺では斎会の時に、自分で席を立ってわざわざ食事を受け取りに行く人は誰もいなかった。代わりに、自分の鉢を飛ばして供養を受け取っているのである。

法会は進み、寂照の番が回ってきた。寂照は「飛鉢《ひはつ》の法」など耳にしたことすらなかった。困り果てた寂照は、やむなく「本朝の神明・仏法」の加護を祈った。途端に鉢は勢いよく飛び上がり、どの鉢よりも早く供物を載せて戻ってきた……。

わたしはかつてこの説話を読んだとき、強い違和感にとらわれた。異国で恥をかきそうになった寂照を、「本朝の神明」＝日本の神々が助けてくれることは理解できる。しかし、日本人というだけで無条件に援助してくれる「本朝の仏法」＝日本の仏とは、いったいどのような存在なのであろうか。異国で困ったときに日本の仏に助けを乞うぐらいなら、最初から日本に留まって「本朝の仏法」を頼ればいいではないか。

こうした疑問を辛抱強く手繰っていった末にたどり着いたのは、中世の日本にはまったく機能を異にする二種類の仏がいたという驚くべき結論だった（『起請文の精神史』講談社選書メチエ、二〇〇六年）。寂照が中国に渡ってまで求めた仏は、衆生を生死を超えた救済に導く普遍的な存在だった。その仏は姿形を持つことなく、その前では民族や国籍は意味がなかった。

それに対し、中世にはもう一種類の仏がいた。具体的な形を与えられた仏像である。院政期の説話集『江談抄《ごうだんしょう》』にも「本朝の仏神」が登場するが、そこでは「仏は長谷寺観音」という注記がある。長谷の観音様のように仏像としてひとたび可視的な形を与えられたとき、その仏は日本の神と同様、列島に住む人々を特別扱いし、無条件に守護する存在となるのである。ただし、日本の仏は人々を彼岸（他界）の本仏に結縁させる役割を担っても、それ自体が衆生を悟りに到達させる力をもってはいなかった。

現代人が「仏」と聞いたとき、百パーセント間違いなく思い浮かべるものは、東大寺の大仏や長谷の観音など、どこかの堂舎に鎮座している仏像＝日本の仏である。しかし、中世人にとって、実はそれは本物の「仏」ではなかった。真実の仏は彼岸世界にあって、国籍を超えて人々を最終的な解脱に導く普遍的な存在だった。

中世人が共有していたコスモロジーは、究極の救済者が住む不可視の理想世界と、人間が日常生活を送るこの世からなる二重構造をなしていた。こうした世界観の形成に即応して、神仏もこの世の存在とあの世の存在、二つのグループに分けられた。中世人が最優先したのは、この世の神仏の後押しを受けて、首尾よくあの世にいる真の仏の御許に到達することだったのである。

4

わたしは中世を例に取り上げて、近代と比較しながらそのコスモロジーの特色を論じた。そうした時代固有のコスモロジーは、いわば基本ソフトとして、各時代に展開する応用ソフトとしての個別思想の働きを規定する機能を担った。

たとえば、応用ソフトとしての仏教の受容を考えてみよう。九世紀初頭に成立する『日本霊異記』は日本最初の仏教説話集として知られているが、そこで説かれる仏教の威力はすべて超人的なパワー、「霊験」だった。仏教がもっとも重視する、悟りへの到達=生死を超えた救いというコンセプトはまったくみられない。

古代に著された『日本霊異記』の霊験と因果の理法は、どこまでも現世の内部で完結するものだった。死者に対する仏教の働きかけも論じられてはいるが、その効用は地獄に堕ちた死者の蘇生だった。現世で罪を犯した者は、地獄に堕ちないまでも、蛇や牛となって生まれ変わった。死後に行くべき浄土も説かれるが、そこはこの世と連続していて、容易に行き来できる世界として描かれている。こうした形での仏教の受容の背景には、人間が、神仏や死者といった超越的存在＝カミ（以下、日本の「神」に対し、超越的存在一般を示す場合は「カミ」と表記する）と同じ空間を共有するという古代的なコスモロジーがあった。

古代的な一元的世界観は、一〇世紀から一二世紀の転換期を経て、やがて次のステージに到達する。カミに対する思弁が深化し体系化されるにつれてその存在感が相対的に増大し、やがてその所在地が現世から分離し始める。人間の世界（現世）からのカミの世界（他界）の自立とその膨張という現象が生じるのである。その先に誕生するのが、先述の中世的なコスモロジーだった。

中世では現世と理想の浄土が緊張感をもって対峙する二元的な世界観が構築された。至高の救済者が住む他界こそが真実の世界とされ、この世はそこに到達するための仮の世であるという認識が人々の間で一般化した。肌の色や言語の違いを超えてこの世の人々を包み込む普遍的世界が、現実の背後に実在すると広く信じられるようになった。日本の神や仏像など、この世に取り残されたカミは、衆生を他界に導くためにこの世に出現した、彼岸の究極のカミ（本地仏）の化現《けげん》＝垂迹《すいじゃく》として位置づけられた。

こうしたコスモロジーの転換を受けて、日本列島では仏教、とりわけ浄土信仰の本格的な受容が開始される。経典のなかで説かれ、一部の聖職者によって教理として論じられてきた「厭離穢土」「欣求浄土」の思想や生死を超えた救済の理念が、閉じられた寺院社会を超えて大衆の心を摑《つか》む客観的情勢がようやく成熟したのである。

仏教や浄土教が受容されたから彼岸表象が肥大化するのではない。日本列島における他界のイメージの拡大が、浄土信仰の本来の形での受容を可能にした。コスモロジーの変容が仏教受容のあり方を規定するのである。現世を超えた個々人の救済をどこまでも探求する「鎌倉仏教」誕生の前提には、こうした新たなコスモロジーの形成があったのである。

このように述べてきたとき、それではコスモロジーの転換はいったい何によるものなのか、という疑問が投げかけられることは承知している。この問題については別の機会に触れたこともあり（『ヒトガミ信仰の系譜』岩田書院、二〇一二年。英語版・韓国語版、二〇一六年、中国語版、二〇一八年）、いずれ本格的に論じたいと思っている。いまこのようなことを公言する研究者はほとんどいないが、わたしは人類史の根底には「法則」としかいいようのない巨大な潮流が実在すると考えている。それが各地域、各時代の思想と文化のあり方を規定している、というのがわたしの基本的な認識である。

5

ここで改めて応用ソフトとしての神国思想に立ち戻ってみよう。

「神国」がしきりに説かれるようになる中世は、大方の人々が現世を超えた真理の世界の実在を確信していた時代だった。そこでは日本の神は、「日本の仏」＝仏像と同様に、それ自体が究極の真理を体現するものではなく、人々を他界に送り出すことを最終的な使命としてこの世に出現＝「垂迹」した存在だった。本書の中で多くの史料を引用しながら論じたように、神の存在意義は衆生を普遍的な救済者に繋ぐことにあったのである。

中世に多数制作された「春日曼荼羅」は、春日神社の社殿を前景として御蓋《みかさ》山と春日山が中央に描かれるという構図をとるが、御蓋山の中腹には春日四神と若宮の本地仏が浮遊している。この曼荼羅には、春日神が彼岸の仏の垂迹であり、その役割が衆生の浄土往生を手助けするものであることが端的に示されている。

こうした世界観のもとでは、所詮は現世的存在であり、他界の仏の垂迹にすぎない「神」に光を当てた「神国」の論理が、他の国々を見下し、日本の絶対的な神聖性と優位を主張する方向に向かうことがないのは当然であった。神に託して「日本」の優越性が主張されるのは、供養の鉢をどちらが速く飛ばすことができるかといった世俗的なレベルでの問題に限られており、本地の仏が登場する真実の救済のレベルに踏み込んだとき、修行者の属性としての民族や国籍はまったく意味を失うのである。

寂照が入宋した目的は、日本の名誉を守ることではない。根源的な仏との出会いこそが最終的な課題だった。彼岸への回路は日本にも数多くあったが、清涼寺を目指したのは、その地こそが浄土への一番の近道であるという確信にもとづくものだった。日本・中国といった国の枠を超えて、理想世界への到達を最優先する姿勢がそこにはみえる。

中世の神国思想は普遍的な世界観の枠組みによって、縛りをかけられていた。日本が「神国」だったのは彼岸の仏がたまたま神という形をとって出現したからである。インドはかの不可視の仏が釈迦という肉身を得て出現したがゆえに「仏国」なのであり、中国は仏が孔子や顔回という学者として現れたがゆえに「神国」とはよばないのである。

中世的なコスモロジーは一四世紀から一六世紀を過渡期として、大きく転換する。その変化を一言でいえば、不可視の理想世界に対するリアリティの消失である。現世―他界の二元的世界観が解体して、現世が肥大化していく。人々が目に見えるもの、計測することのできるものしかその実在を信じない、近代へと繋がる世界観が社会を覆い始めるのである。

人々を生死を超えた救済に誘う彼岸の本地仏はその存在感を喪失し、この世での霊験や細々とした現世利益を担当する日本の神や仏像の役割がクローズアップされる。日本と外国を同次元においた上で、日本の優越を主張するさまざまなタイプの神国思想が登場するのは、こうしたコスモロジーの転換を経た江戸時代のことだった。

6

しかし、近世的な神国思想では、背景にあった普遍主義の衰退にもかかわらず、日本優位の主張が暴走することはなかった。その歯止めとなっていたものの一つが、身分制という前近代固有の社会的な枠組みだった。

身分制社会とは何か。国家を果実にたとえていえば、みかんのようにその内部に身分や階層による固定的な区分を有する社会であり、それらのヒエラルヒーが国家権力によって保証されたシステムである。そこでは一つの国家のなかに、截然《せつぜん》と区分けされ、ランクづけされた複数のグループが存在した。むしろ、複数の集団の束が集まって一つの国家を形成しているといったほうが適切かもしれない。

かつてのような「士農工商」という言い方がされることはなくなったが、江戸時代の社会はその内部に強固な身分という差別のシステムをもっていた。支配階層である武士とそれ以外の階層民との間には、髪型や服装など、一目でわかる区別の標識が設けられ、それを侵犯することは厳しく禁止された。一つの国家の中に利害関係を異にする複数の集団が存在するのが身分制社会の特色だった。そこでは国家全体よりも、集団の利害のほうが当たり前のように優先されたのである。

その底辺に位置する階層、支配の対象となった階層にとっては、誰が支配者の位置に座るかは本質的な問題ではなかった。問題はその支配が、自分たちの生活向上に役立つか、役立たないかだった。生活の安定と質が保証されるならば、支配者が異国の人間でも、極言すれば鬼神や悪魔であってもかまわなかった。それが失うもののない者にとっての体制選択の基準だったのである。

蒙古襲来があった鎌倉時代、日本列島においてはじめて神国観念が高揚する。その背景には、異国の侵略を目の当たりにしての「日本」の自覚と愛国心の生成があったとされる。しかし、敢然と蒙古・高麗の大軍に立ち向かった武将たちの胸中にあったのは純粋な愛国心などではなく、みずからがその頂点に君臨する支配秩序の崩壊に対する危機意識だった。また、戦功によってその地位を高め、資産を増やそうとする欲望だった。

この戦いで奮戦した武将、竹崎季長《たけざきすえなが》の戦いぶりを描いた『蒙古襲来絵詞』には、事態が沈静化した後、季長が与えられた恩賞を不服として鎌倉に向かう経緯が記されている。みずからの地位に強い矜持を持ち、命をかけてそれを貫こうとする高い精神性はあっても、「日本人」の自覚を持って、愛する国土を守るために侵略者に立ち向かうといった構図はどこにも見当たらない。それが中世人の普通の姿だった。そこに愛国心がないから不純だと考えるのは、近代人の発想に染まったものの見方なのである。

まして、中世の庶民階層では、国家レベルの発想は皆無だった。蒙古襲来は日本列島に後々までさまざまな影響を残すことになったが、その一つに、民間で恐ろしいものをたとえていう「もくり、こくり」の俗諺《ぞくげん》がある。この淵源は蒙古と高麗の来襲に由来すると考えられるが、鬼や疫病などのイメージと習合して本来の意味は完全に失われている。庶民にとって、異国の侵略は日本の解体につながるがゆえに恐れる対象なのではない。なによりもその日常生活を破壊するものとして忌避されていたのである。

近代国家の形成は、先ほどの果物のたとえを用いれば、内部に区分を有するみかんから、一様な果肉をもつりんごへの転換として把握することができる。近代国家の特質は、すべての構成員を「国民」という等質な存在として把握するところにあった。近代社会でも人々はさまざまな共同体に所属していたが、国民が最上位の区分であった。会社の社長であろうとも、ヤクザの総長であろうとも、それ以前にすべての人間は一人の国民だった。

近代の日本では、国家の中心に位置し、新たに作り出された国民を統合する役割を与えられたのが天皇だった。国家の中心としての天皇の地位を保証するものが「神孫」という地位であり、「現人神」という位置づけだった。「神国日本」は悠久の伝統をもつ神としての天皇をいただく唯一の国家であるがゆえに、他の国々と比較を絶する神聖な存在なのである。その神国を護り、その存続と繁栄に命を捧げることこそが、日本に生を享けた者の聖なる使命なのである……。

普遍主義的なコスモロジーが失われたことに加え、全構成員が神国の選民と規定される近代国家の誕生によって、神国日本の暴走に歯止めをかける装置はすべて失われた。国民国家としては後発の存在であったため、国家の中心にあって国民を統合する機能を負わされた天皇には過剰な役割が課せられ、その隔絶した権威と神秘性が強調された。その果てに戦前のウルトラ・ナショナリズムの勃興と暴走があった。

日本の敗戦によって状況は一変したが、ナショナリズムを制御する役割を果たす基本ソフトを欠くという点では、今日も状況は変わっていない。わたしたちはこの現実を認識するところから再出発する必要がある。

7

自分たちの周囲を振り返ってみればわかるように、人間が作る集団はそれがいかに小さなものであっても、その内部に感情的な軋轢《あつれき》や利害の対立を発生させることを宿命としている。それを避けるべく、宗教儀礼を通じてカミという他者へのまなざしを共有することによって、構成員同士が直接向き合うことから生じるストレスと緊張感を緩和しようとすることが、前近代の一般的な作法だった。

中世に広く行われた起請文には、集団の秩序維持に果たした神仏の役割が端的に示されている。起請文とは、ある人物ないしは集団がみずからの宣誓の真実性を証明するために、それを神仏に誓った文書であり、身分階層を問わず膨大な数が作成された。起請文の末尾には監視者として神仏が勧請され、起請破りの際にはそれらの罰が身に降りかかる旨が明記された。双方の言い分が対立したとき、起請文を作成した上で二人を堂社に籠らせ、先に体に異変が起こったほうを負けとする方法がとられた。

だれかを裁かなければならなくなったとき、人々はその役割を超越的存在に委ねることによって、人が人を処罰することにともなう罪悪感と、罰した側の人間に向けられる怨念の循環を断ち切ろうとした。カミによって立ち上げられた公共の空間は、羊水のように集団に帰属する個々人を穏やかに包み込み、人間同士が直にぶつかりあうことを防ぐ緩衝材の役割を果たしていたのである。

カミが緩衝材の機能を果たしていたのは、人と人の間だけではなかった。集団同士の対立が極限までエスカレートすると、人はその仲裁をカミに委ねた。前近代の日本列島では、村の境界や川からの取水方法をめぐって共同体間でしばしば紛争が生じた。その対立が抜き差しならないレベルにまで強まったとき、決着は神判とよばれる神意を問う行為に委ねられた。超越的存在に対するリアリティの共有が、こうした形式による紛争処理を可能にしたのである。

カミは海峡を隔てた国家の間においても、緩衝材としての役割を果たした。朝鮮半島との間に浮かぶ世界遺産の無人島・沖ノ島には、四世紀以来の長期にわたる祭祀の跡が残されている。日本から大陸に渡ろうとする航海者たちは、この島に降り立って、その先の海路の無事を神に祈った。島も大海原も、その本源的な支配者はカミであると信じられていた。かつて辺境の無人島はその領有を争う場所ではなく、身と心を清めて航海の無事を静かにカミに祈る場所だった。島だけではない。国家の間に広がる無人の荒野も、その本源的所有者はカミだった。人が住まない場所はカミの支配する領域だったのである。

緩衝材としてのカミが極限まで肥大化するとともに、聖職者によってその機能が論理化され、普遍的な存在にまで高められたのが中世とよばれる時代だった。この世界の根源に位置する超越者は、民族や身分にかかわりなくすべての人々を包み込み、手を差し伸べる救済者だった。

だが、近代化に伴う世俗化の進行とカミの世界の縮小は、そうしたカミと人との関係の継続を許さなかった。人の世界からは神仏だけでなく、死者も動物も植物も排除され、特権的存在としての人間同士が直に対峙する社会が出現した。人間中心主義としてのヒューマニズムを土台とする、近代社会の誕生である。

近代思想としてのヒューマニズムが、基本的人権の拡大と定着にどれほど大きな役割を果たしたかについては贅言する必要もない。しかし、近代化は他方で、私たちが生きる世界から、人間間、集団間、国家間の隙間を埋めていた緩衝材が失われていくことを意味した。体に棘をはやした人間が狭い箱に隙間なく詰め込まれ、少しの身動きがすぐさま他者を傷つけるような時代が幕を開けた。

カミが支配した山や大海や荒野に人間の支配の手が伸び、分割され目にみえない境界線が引かれた。不毛の砂漠や狭小な無人島の帰属をめぐって、顔を合わせたこともない国民同士で負の感情が沸騰する、まさに醜悪としかいいようのない現象が生起する。

今日、一部の人々によって声高に叫ばれている排他的な神国思想は、一見、宗教的な装いをとっていても、こうした社会の世俗化の果てに生まれたものであった。そこには、敬虔な祈りを捧げる対象としての神はいない。神国の主張の背後に存在するのは、生々しい現世的な欲望と肥大化した自我にほかならない。

わたしは、人が自分の育った郷土や国に対して愛着と誇りを持つことを、決して間違ったこととも異常なこととも考えていない。むしろ自然な感情であると思っている。問題は、その際限ないエスカレートをいかにして制御するかという点にある。他をおとしめることによってしかみずからの尊貴性を主張しえない愚劣さを、いかに自覚するかという点にある。国家という枠組みにとらわれることなく、美しいものを美しいとして、素晴らしいものを素晴らしいものとして認めることのできる勇気をもてるかどうかを、わたしたちはいま問われているのである。

8

今日、人文科学の学問は世界的規模で壁に突き当たっている。日本でも人文学不用論が声高に叫ばれている。人文科学の究極の目的は、人間というこの不可解な存在の本質を解き明かすところにある。哲学・歴史学・文学といった学問分野は、いずれもこの課題に解答を提示することを最終的な目的としていたはずである。しかし、学問の本来の目標は忘れられ、個々の学問分野の維持そのものが目的化しているのが学界の現状である。こうした状況に対する問題意識が、人文学の存在意義を問う声の背景にはある。

二十一世紀に生きるわたしたちは、かつて近代の草創期に思想家たちが思い描いたような、直線的な進化の果てに生み出された理想社会にいるのではない。近代化は人類にかつてない物質的な繁栄をもたらす一方で、人間の心に、昔の人が想像もしえなかったような無機質な領域を創り出した。いま世界中で問題になっているウルトラ・ナショナリズムや民族差別もそこから生まれた。原子力発電所の事故や環境汚染も、根本的な要因は人間の心の劣化にあると私は考えている。

この問題の深刻さは、冒頭にも述べた通り、それが文明の進歩に伴って浮上したものだということにある。いまそこにある危機が近代化の深まりのなかで顕在化したものであれば、人間中心主義としての近代ヒューマニズムを相対化できる長いスパンのなかで、文化や文明のあり方を再考していくことが必要である。わたしは前近代に帰れ、といっているのではない。過去に理想社会が実在した、などといっているのでもない。近代を遥かに超える長い射程のなかで、近・現代の歪みを照射していくことの重要性を論じているのである。

人類が直面している課題と危機を直視しつつ、人類が千年単位で蓄積してきた知恵を、近代化によって失われたものをも含めて発掘していくこと、それこそがいま人文科学に求められている任務であるとわたしは考えている。神国思想を取り上げた本書が、こうした人類を取り巻く根源的な問題に踏み込んでいく上で、少しでも役に立つことができれば望外の喜びである。

本文庫は、講談社学術文庫の稲吉稔氏にご担当いただいた。本書に注目して文庫化をお勧めくださるとともに、それに向けてのさまざまな実務を手際よく進行していただいた氏に、甚深の謝意を表したい。

また本書の校閲をご担当いただいた講談社校閲第二部の皆さんには、前著『日蓮「立正安国論」全訳注』に引き続き、素晴らしいお仕事をしていただいた。そのお力添えによって、本書は一段と品位を高めることができた。特記して、感謝申し上げたい。

なお、本書は成海俊氏（韓国、東明大学校教授）の翻訳によって、二〇一四年に韓国語版がノンヒョン社から刊行されている。また、本書の「終章　神国の行方」は、レベッカ・クレメンツ氏（英国、ダラム大学准教授）によって英訳され、ドイツで発行されている英文誌*Contemporary Japan*の二五巻一号（二〇一三年）に掲載されている。

佐藤弘夫

二〇一八年五月二日

引用・参考文献一覧

【全体に関わるもの】
鍛代敏雄「中世「神国」論の展開」「栃木私学」一七、二〇〇三年
黒田俊雄「中世国家と神国思想」『日本中世の国家と宗教』岩波書店、一九七五年
河内祥輔「中世における神国の理念」『日本古代の伝承と東アジア』吉川弘文館、一九九五年
佐々木馨「神国思想の中世的展開」『日本中世思想の基調』吉川弘文館、二〇〇五年
佐藤弘夫「中世的神国思想の形成」『神・仏・王権の中世』法藏館、一九九八年
白山芳太郎「神国論形成に関する一考察」『王権と神祇』思文閣出版、二〇〇二年
高橋美由紀「中世神国思想の一側面」『伊勢神道の成立と展開』大明堂、一九九四年
田村圓澄「神国思想の系譜」『日本仏教思想史研究　浄土教篇』平楽寺書店、一九五九年
長沼賢海『神国日本』教育研究会、一九四三年
藤田雄二「近世日本における自民族中心的思考」「思想」八三二、一九九三年
山田孝雄『神皇正統記述義』民友社、一九三二年

序　章
玉懸博之「『神皇正統記』の歴史観」『日本中世思想史研究』ぺりかん社、一九九八年
成沢光「〈辺土小国〉の日本」『政治のことば』平凡社選書、一九八四年
古川哲史「神国思想の形成と展開」『日本思想史講座　中世の思想二』雄山閣、一九七六年

三橋正「古代から中世への神祇信仰の展開」『平安時代の信仰と宗教儀礼』続群書類従完成会、二〇〇〇年
村井章介「中世日本の国際意識・序説」『アジアのなかの中世日本』校倉書房、一九八八年

第一章
石田一良「日本古代国家の形成と空間意識の展開」「東北大学日本文化研究所研究報告」二、一九六六年
梅沢伊勢三『記紀論』創文社、一九七八年
岡田荘司『平安時代の国家と祭祀』続群書類従完成会、一九九四年
岡田精司『古代祭祀の史的研究』塙書房、一九九二年
高橋美由紀「伊勢神道の成立とその時代」前掲書
中世諸国一宮制研究会編『中世諸国一宮制の基礎的研究』岩田書院、二〇〇〇年

第二章
今堀太逸『本地垂迹信仰と念仏』法藏館、一九九九年
嵯峨井健「鴨社の祝と返祝詞」『神主と神人の社会史』思文閣出版、一九九八年
佐藤弘夫『アマテラスの変貌』法藏館、二〇〇〇年
横井靖仁「中世成立期の神祇と王権」「日本史研究」四七五、二〇〇二年
吉原浩人「善光寺如来と聖徳太子の消息往返をめぐって」「仏教文化研究」四九、二〇〇五年

第三章
市川浩史『日本中世の歴史意識』法藏館、二〇〇五年
大石直正「外が浜・夷島考」『日本古代史研究』吉川弘文館、一九八〇年

黒田日出男『龍の棲む日本』岩波新書、二〇〇三年
佐藤真人「平安時代宮廷の神仏隔離」『平安時代の神社と祭祀』国書刊行会、一九八六年
平雅行「神仏と中世文化」『日本史講座』四、東京大学出版会、二〇〇四年
前田雅之『今昔物語集の世界構想』笠間書院、一九九九年
村井章介「王土王民思想と九世紀の転換」「思想」八四七、一九九五年

第四章

海津一朗『神風と悪党の世紀』講談社現代新書、一九九五年
笠松宏至『日本中世法史論』東京大学出版会、一九七九年
黒田俊雄「中世における顕密体制の展開」前掲書
坂本賞三『藤原頼通の時代』平凡社選書、一九九一年
平雅行『日本中世の社会と仏教』塙書房、一九九二年

第五章

網野善彦『異形の王権』平凡社、一九八六年
石井進「院政時代」『講座日本史』二、東京大学出版会、一九七〇年
折口信夫「大嘗祭の本義」『折口信夫全集』三、中央公論社、一九六六年
佐藤弘夫「中世の天皇と仏教」『神・仏・王権の中世』前掲書
益田勝実「日知りの裔の物語」『火山列島の思想』筑摩書房、一九六八年

終　章

神野志隆光『「日本」とは何か』講談社現代新書、二〇〇五年
曾根原理『徳川家康神格化への道』吉川弘文館、一九九六年
高木昭作『将軍権力と天皇』青木書店、二〇〇三年
田尻祐一郎「近世日本の「神国」論」『正統と異端――天皇・天・神』角川書店、一九九一年
西山克「豊臣『始祖』神話の風景」「思想」八二九、一九九三年
野村玄「徳川家光の国家構想と日光東照宮」「日本史研究」五一〇、二〇〇五年
林淳「近世転換期における宗教変動」「日本の仏教」四、一九九五年
前田勉『近世神道と国学』ぺりかん社、二〇〇二年

KODANSHA

本書の原本は、二〇〇六年、筑摩書房より
『神国日本』の書名で刊行されました。

佐藤弘夫（さとう　ひろお）
1953年生まれ。東北大学文学部史学科卒業，同大学大学院文学研究科博士前期課程修了。東北大学大学院文学研究科教授。専門は日本思想史。著書『日本中世の国家と仏教』『神・仏・王権の中世』『偽書の精神史』『起請文の精神史』『ヒトガミ信仰の系譜』『死者の花嫁』『日蓮「立正安国論」全訳注』などのほか，多くの共編著がある。

講談社学術文庫
定価はカバーに表示してあります。

「神国《しんこく》」日本《にほん》
記紀《きき》から中世《ちゅうせい》、そしてナショナリズムへ
佐藤弘夫《さとうひろお》

2018年6月11日　第1刷発行
2022年7月4日　第2刷発行

発行者　鈴木章一
発行所　株式会社講談社
東京都文京区音羽 2-12-21 〒112-8001
電話　編集（03）5395-3512
販売（03）5395-4415
業務（03）5395-3615
装　幀　蟹江征治
印　刷　株式会社広済堂ネクスト
製　本　株式会社国宝社
本文データ制作　講談社デジタル製作

ISBN978-4-06-512126-9

「講談社学術文庫」の刊行に当たって

これは、学術をポケットに入れることをモットーとして生まれた文庫である。学術は少年の心を養い、成年の心を満たす。その学術がポケットにはいる形で、万人のものになることは、生涯教育をうたう現代の理想である。

こうした考え方は、学術を巨大な城のように見る世間の常識に反するかもしれない。また、一部の人たちからは、学術の権威をおとすものと非難されるかもしれない。しかし、それはいずれも学術の新しい在り方を解しないものといわざるをえない。

学術は、まず魔術への挑戦から始まった。やがて、いわゆる常識をつぎつぎに改めていった。学術の権威は、幾百年、幾千年にわたる、苦しい戦いの成果である。こうしてきずきあげられた城が、一見して近づきがたいものにうつるのは、そのためである。しかし、学術の権威を、その形の上だけで判断してはならない。その生成のあとをかえりみれば、その根は常に人々の生活の中にあった。学術が大きな力たりうるのはそのためであって、生活をはなれた学術は、どこにもない。

開かれた社会といわれる現代にとって、これはまったく自明である。生活と学術との間に、もし距離があるとすれば、何をおいてもこれを埋めねばならない。もしこの距離が形の上の迷信からきているとすれば、その迷信をうち破らねばならぬ。

学術文庫は、内外の迷信を打破し、学術のために新しい天地をひらく意図をもって生まれた。文庫という小さい形と、学術という壮大な城とが、完全に両立するためには、なおいくらかの時を必要とするであろう。しかし、学術をポケットにした社会が、人間の生活にとってより豊かな社会であることは、たしかである。そうした社会の実現のために、文庫の世界に新しいジャンルを加えることができれば幸いである。

一九七六年六月　　　野間省一